이 책을 선택하신 분에게 추천하는
처음북스의 여행 · 에세이 시리즈

서른 우리 술로 꽃피우다

지은이 김별, 이경진

서른에는 무엇이라도 되어 있을 줄 알았던 두 여인의 전통주 여행기.
"우리에게는 술이 필요해. 다른 술 말고 우리 술!"

재기발랄 일본 안내서

지은이 애비 덴슨 ㅣ 옮긴이 장정인

푸른 눈의 오타쿠 일본을 그리다.
서양인의 시각으로 만나는 일본. 만화와 행운의 고양이, 라멘의 나라로
독특한 여행을 떠나보자.

맛있는 베트남

지은이 그레이엄 홀리데이 ㅣ 옮긴이 이화란

생생한 베트남 길거리 음식 문화 탐험기.
덜덜거리는 작은 오토바이를 타고 베트남 구석구석을 누비는 식도락 여행기.
세계적인 셰프 안소니 브르댕의 찬사를 받은 책.

50년간의 세계일주

지은이 앨버트 포델 ㅣ 옮긴이 이유경

이 세상 모든 나라를 여행하다.
25세까지 한 번도 다른 나라를 가본 적 없던 청년이 세계 모든 나라를 여행할 목표
를 세우다. 〈빨간책방〉이 선택한 바로 그 책.

악당은 아니지만 지구정복

지은이 안시내

달랑 350만원 들고 떠난 141일간의 고군분투 여행기.
여행 한 번 가보려고 악착같이 돈을 모았다. 그러나 영화처럼 악화된 집안 사정.
그래도 기죽지 않는다. 작은 발로 뚜벅뚜벅 세계로 나아간다.

나는 아이를 낳지 않기로 했다

지은이 **애럴린 휴즈** | 옮긴이 **최주언**

모든 여자가 어머니가 될 필요는 없다.
아이를 낳지 않기로 선택한 인생도 무언가 부족한 인생이 아니다.
오롯이 하나의 인생이다.

남자를 말하다

엮은이 **칼럼 맥캔** | 옮긴이 **윤민경**

세계적 문학가들이 말하는 남자는 어떻게 만들어지는가? 그리고 남자란 무엇인가? 이언 매큐언, 할레드 호세이니, 살만 루시디, 마이클 커닝햄 등 80명의 문학가 말하는 남자!

내가 죽음으로부터 배운 것

지은이 **데이비드 R. 도우** | 옮긴이 **이아람**

사형수 담당 변호사 도우.
그 앞에 두 가지의 죽음이 펼쳐진다. 사형수와 존경하는 장인 어른.
과연 죽음은 모두에게 공평한가? 죽어야 할 사람이란 있는 것인가?

베어 그릴스의 서바이벌 스토리

지은이 **베어 그릴스** | 옮긴이 **하윤나**

죽음으로부터 살아남은 사람은 모두 영웅이다.
베어 그릴스의 인생을 설계해준 '진짜' 생존 스토리

섹스 앤 더 웨딩

지은이 **신디 츄팩** | 옮긴이 **서윤정**

〈섹스 앤 더 시티〉 작가가 털어 놓는 진짜 뉴욕, 진짜 연애, 진짜 결혼 이야기.
와이프로서의 라이프는 과연 로맨틱할까?

여자들이 원하는 것이란

지은이 **데이브 배리** | 옮긴이 **정유미**

미국에서 가장 웃기는 작가, 데이브 배리가 말해주는,
아주 웃기고 쬐끔 도움되는 자녀교육(?)과 자질구레한 이야기.

늑대를 구한 개

지은이 **스티븐 울프** | 옮긴이 **이혁**

허리 통증 때문에 직장, 가정 모든 것을 잃어버린 변호사 울프.
경견장에서 쫓겨난 그레이 하운드.
버림받은 두 영혼이 서로를 의지하며 삶을 개척해나가는 감동 실화.

저녁이 준 선물

지은이 **사라 스마일리** | 옮긴이 **조미라**

남편의 파병 기간 동안 아빠의 빈자리를 채워주기 위한 주부의 기적 같은 저녁 식
사 프로젝트가 시작된다. 이웃에서부터 주지사, 그리고 라디오스타까지 매주 아빠
자리에 앉아 주는 사람들. 그리고 성장하는 가족.

우리는 만날 수 있을까요?

우리는 만날 수 있을까요?

초판 1쇄 발행 2016년 6월 20일

지은이   김연지
발행인   안유석
편집장   이상모
편 집   전유진
표지디자인   박무선
펴낸곳   처음북스, 처음북스는 (주)처음네트웍스의 임프린트입니다.

출판등록 2011년 1월 12일 제 2011-000009호
전화 070-7018-8812 팩스 02-6280-3032
이메일 cheombooks@cheom.net

홈페이지 cheombooks.net 페이스북 /cheombooks
ISBN 979-11-7022-051-0 03940

우리는 만날 수 있을까요?

사랑을 찾아 서울에서 뉴욕까지 떠난 11,000킬로미터
그러나 그는 이미 뉴욕에 없었다.

김
연
지

글

처음북스

프롤로그

14hours 11000km

"내 친구가……."

보통 내 이야기라고 솔직히 말하기엔 뭣하고 남들에게 털어놓고 싶기는 할 때, 사람들은 '내 친구가……' 로 이야기를 시작하던데.

그래서 나도 어디까지나 '내 친구'의 이야기를 해볼까 한다.

내 친구 중에 나랑 정말 친한 친구가 있는데, 그 친구는 남자 때문에 스물여덟 살에 일도 그만 두고 뉴욕까지 갔다 왔다. 약혼자냐고? 그랬다면 말도 안 꺼냈을 거다. 그 둘은 소개팅 어플에서 만나 실제로 얼굴

한 번 못 본채로 1년 반을 연락했고, 그녀는 그 남자를 너무 사랑한 나머지 그를 만나려고 14시간 동안 11000킬로미터를 날아가 가족도, 친척도, 친구도 하나 없는 그곳에서 두 달이나 머물다 최근에야 돌아왔다.

"그래서 그 남자랑 어떻게 됐는데? 만났어?"
"글쎄. 거기까진 걔가 말을 안 해줘서."
"집어치우고. 그래서 그 남자랑 너랑 만났냐고. 지금도 연락해?"
그렇다. 보통 '내 친구가'로 시작하는 이야기의 부작용은 말은 이미 꺼내놨는데, 상대방이 애당초 내 친구의 이야기라고 믿질 않아 중간부터는 내 이야기로 바뀐다는 것이다.

로미오와 줄리엣이 사랑을 나눈 기간은 겨우 5일.
영화 〈만추〉에서 훈과 애나가 사랑을 나눈 시간은 고작 72시간.
기간으로만 따지면 그와 내가 연락한 시간은 1년이 훌쩍 넘었으니, 좋아하는 남자 한 번 보겠다고 14시간, 11000킬로미터를 날아간 내 사랑이 그렇게 특이한 것만은, 이상한 것만은 결코 아닐 것이다. 겨우 5일을 사랑하고 서로를 위해 죽기도 하고, 고작 72시간을 사랑하고 감옥에서 나오는 날에 만나자는 기약 없는 약속을 하기도 하는데 한국에서 뉴욕으로 날아 간 게 뭐 그리 대수라고. 그러니 내가 그다지 비정

상적인 것만은 아니라고 말하고 싶지만, 안타깝게도 저것들은 소설이고 영화다. 소설이고 영화라 해도 로미오와 줄리엣, 훈과 애나 모두 서로 손 붙잡고 키스라도 했지, 난 진짜 실화인데도 그와 한 게 애석하게 아무것도 없다. 전시상황도 아닌데 전화통만 붙잡고 하염없이 그리워한 것 외엔, 우린 얼굴조차 보지 못 한 사이니까.

그래서 난, 그랬기에 난, 그러므로 난…… 그가 참 많이 보고 싶었다고 하면 얼굴 한 번 안 본 남자 때문에 뉴욕까지 간 내 사랑이 아주 조금은 보편타당성을 가질 수 있을까?

그와 나는 소개팅 어플에서 만났다.

재미삼아 깔았던 어플은 내 이동반경 1킬로미터 이내 사람들을 소개해주는 신박한 어플이었다. 지하철 안에서나 버스 안에서 화장실 안에서 킬링타임용으로는 그만한 게 없었다.

딩동! 어느 날 어플에서 쪽지가 왔다.

"안녕하세요."

아주 무난한 인사.

사진을 보니 내 스타일은 아니었지만 훈훈하고 깔끔하게 생긴 남자였다. 사진도 달랑 두 장뿐이었는데, 그마저도 한 장은 어두운 술집에서 찍어 얼굴이 제대로 보이지 않는 사진이었다. 그럼에도 단박에 내 스타일이 아님은 알 수 있었다.

다만 그의 프로필에 씌어 있던 자기소개가 인상 깊었을 뿐.

'*뉴욕은 더럽고 뉴저지는 심심하고*'

뉴욕? 뉴저지? 얼마 전에 여행을 갔다 왔나?

뉴욕이라는 단어를 본 내 눈은 한참을 반짝였다.

그럴 수밖에 없었다. 뮤지컬 연출을 전공한 나에게 뉴욕은 이미 오래 전부터 그 자체만으로도 뮤즈였고, 비단 나뿐만 아니라 아티스트들에게 있어 뉴욕은 상상만으로도 벅찬 꿈의 무대가 된지 오래다. 거기에 더 보태 시시한 여자 취급당하기 딱 좋은 미드(미국드라마) 〈섹스 앤 더 시티〉는 내가 가장 좋아하는 미드다.

당시 난 남자들 눈에는 그저 허구한 날 여자 넷이 모여 기승전 남자 얘기만 하고 있는 것처럼 보일 미드 〈섹스 앤 더 시티〉에 푹 빠져 있었다. 브런치를 먹다가도 남자 얘기, 그날 밤 다시 만나 술을 마실 때도 조금 전 그 남자 얘기, 헤어져 집에 들어가서 까지도 전화통을 붙잡고 오늘 하루 종일 나눴던 남자 얘기를 마치 새롭게 시작하는 것 마냥 지칠 줄 모르고 떠들어대는 성인 여성용 디즈니에서 나는 깊은 영감을 받고 있었고, 시즌 1부터 6까지 모든 에피소드들 섭렵은 물론이거니와 그 에피소드들을 그대로 짜깁기 해놓은 영화 시리즈 1,2까지 전부 다 본 난 그야말로 〈섹스 앤 더 시티〉 '빠순이'였다. 굳이 극장판으로 나왔어야 했나 싶은 영화는 아마 나 같은 애들 보라고 찍은 것 같다. 어찌 됐던 그 덕에 어마무시하게 커진 뉴욕에 대한 환상은 대한민국에서 작가라는 직업으로 먹고 살고 있던 내가 주제 파악 못 하고 머리부터 발끝까지 매력적인 뉴요커 섹스칼럼니스트인 캐리를 꿈꾸게 만들었다.

그의 자기소개에 '뉴욕'이라는 단어가 쓰여 있지 않았더라면?
그랬다면 난 그의 쪽지를 무시했을까?

"네. 안녕하세요"라는 답장을 시작으로 나의 시간은 미국 시간으로, 그의 시간은 한국 시간으로 바뀌었다. 우리에게 시차 따윈 없었다. 무엇보다 우린 말이 잘 통했고, 만날 수 없는 만큼 그와 나는 메시지를 주고받았으며, 한 번 통화했다하면 몇 시간은 기본이었다.
한 번도 보지 못한 사람이고, 당장 볼 수 없다는 현실적인 제약에서 나온 대범함이었을까? 우린 조금은 부끄러울 수 있는 서로의 성적 취향에 대한 이야기까지도 스스럼없이 나눴고, 서로에게 더욱 깊이 빠져들고 있었다.
묘하고 야릇한 밤의 연속이었다.
여느 연인처럼 우리에게도 늘 달달하고 좋은 날만 있는 건 아니었다. 서로에게 열정적으로 빠져 든 만큼이나 우린 참 싸우기도 잘 싸웠다.

하루는 그에게 화를 내고 있었다. 정확하게 싸운 이유가 기억나진 않지만 아마 무뚝뚝한 성격의 그가 날 또 서운하게 했겠지.

열심히 화를 내고 있는 내게 뜬금없이 그는 "사랑해"라고 말했고,

열심히 화를 내던 나는 그 말에 "얼만큼?"이라고 답했다.

방금 전 냉랭한 분위기는 언제 그랬냐는 듯 사라진 지 오래였다. 그 순간 나는 느꼈다. 싸우는 데도 궁합이 있다면, 그와 나는 최상의 궁합이다.

이건 어디까지나 내 생각일 뿐이다. 그도 나도 한 성격 하는 탓에 우린 정말 지긋지긋할 정도로 자주 말다툼을 했고, 그때마다 그는 '이 여자랑은 도저히 아니다'라고 생각했을지도 모른다.

그럼에도 불구하고, 그때의 나는 정말이지 두 개의 심장이 하나의 심장이 되어 뛰는, 돌리고 돌리던 라디오 주파수가 드디어 딱 맞아 떨어지는, 지구 반대편에 있는 인생의 소울메이트를 만난 기분이었다.

"우리 그만 연락해."

영화 속 주인공이 된 듯한 기분은 그리 오래가지 않았다. 연락한 지 두 달이 넘어갈 때쯤, 나는 그에게 이런 거지같은 관계를 그만 하자고 말했다. 여자에게 가장 나쁜 남자는 바람피우는 남자도, 때리는 남자

도, 능력 없는 남자도 아닌, 미래를 함께 꿈 꿀 수 없는 남자니까.

아무리 골백번을 더 생각해봐도 현실적으로 이건 아니었다. 내가 미국으로 가거나 그가 한국으로 오지 않는 이상, 우리 사이에 답은 없었다. 한국으로 언젠가는 들어오겠지만 지금 당장은 들어갈 수 있는 상황이 아니라며 언제 들어가겠다고 아직 확실히 말해줄 수도 없다는 남자와의 연락이 길어지면 길어질수록, 보고 싶고 만지고 싶은 마음이 커져갈수록, 그 마음에 비례해 난 지쳐가고 있었다.

사실 여자에게 헤어지자는 말은 처음이 어렵지, 그 다음부터는 그다지 어렵지 않다. 여자들이 처음 내뱉는 헤어지자는 말은 진심이고 오랜 고민 끝에 내린 결심이지만, 두 번째부터는 투정이고 앙탈이기 때문이다. 연락한 지 4개월 정도 됐을 때 나는 여덟 번째 그만하자를 내뱉었고, 매번 어르고 달래 붙잡던 그에게서 "그래. 그만해"라는 답변이 왔다.

그날 부로 아무리 연락해도 그에게는 일절 답장이 없었고, 연락 한 번 먼저 오지 않았다.

냉정한 자식.

그렇게 연락이 끊긴 지 3개월이 될 무렵, 내 핸드폰이 다시 울렸다. 딩동! 그다. 미스터 프린스턴*.

새벽 세 시, 내 시간은 그렇게 다시 미국 시간으로 바뀌었다.

*그의 프라이버시를 위해 앞으로 그를 미스터 프린스턴으로 칭하겠다.

I. 한국에 사는 여자,
미국에 사는 남자

영화 〈Her〉는 왜 나와 가지고.

"연애야? 그게 연애야?"

　"사이버 연애 하네."

　"아담이야?"

　"진짜 실존 인물이긴 한거지?"

　"펜팔친구니?"

그와 연애 아닌 연애를 시작하고 나서 나를 더욱 힘들게 했던 건 그와 나를 가로막고 있는 거리도, 시차도, 당장 그를 볼 수 없는 아쉬움도 아닌 바로 주변의 반응이었다.

어떤 이는 진짜 그가 미국에 살고 있긴 한 거냐며 미국인 척 하고 있는 건 아니냐고 묻기도 했다. 친한 주변인들조차 인정해주지 않는 연애.

나중엔 나 역시 그와의 만남에 대해 입을 다물게 됐다. 말해봤자 좋은 소리도 못 듣고 괜히 더 공허해지기만 하니까.

세상에는 여러 모습의 사랑이 있다. 당사자가 아닌 이상 그 어떤 이도 어떤 사랑이 옳다, 그르다, 혹은 그건 사랑이다, 아니다를 정의할 수는 없다. 사랑이란 지극히 개인적인 것이며, 당사자가 아니면 절대로 알 수 없는 그들만의 우선순위와 감정, 관능적인 직감이라는 것이 존재하기 때문이다.

내 사랑도 그랬다. 모든 이들이 이해할 수 있고 공감할 수 있는 보편적인 사랑이 아닌, 조금은 특별하고 지극히 개인적이며 상대적으로는 잘 이해할 수 없는 비주류, 비 공감의 형태를 띤 사랑이었지만 이건 어디까지나 내 생각이다. 남들이 생각하기엔 이해할 수도 없고, 인정하고 싶지도 않은 그냥 뭐랄까, 재밌는 가십거리 정도?

그리고 그 반응의 종지부를 찍은 건 영화 〈그녀Her〉였다. 남자 주인

공 테오도르와 인공지능을 가진 컴퓨터 프로그램 사만다와의 사랑 이 야기.

영화를 본 이들마다 내게 와서는 그 영화 봤냐, 너도 컴퓨터 프로그 램이랑 만나고 있는 건 아니냐는 말로 속을 긁어댔다.

무엇보다 나는 영화의 엔딩이 궁금했다. 그래서 해피엔딩인지. 사 실 컴퓨터 프로그램과 해피엔딩이 났다고 해봤자 뭐 얼마나 해피엔딩 이겠냐만⋯⋯. 아무래도 그때의 난 〈그녀〉의 엔딩에 그와 나의 엔딩 처럼 감정이입을 했던 것 같다.

결국 테오도르가 프로그램을 지우는 걸로 사만다와의 만남은 끝이 나는 엔딩이라는 걸 알았고, 난 그 영화를 보지 않았다.

나중에 뉴욕에 머무르는 동안 잠깐 볼 기회가 있었지만 그마저도 난 끝까지 볼 수 없었다. 영화를 보는 내내 테오도르의 감정이 고스란 히 내게 전해지고 있었다. 사만다에 대한 그의 마음이 커져갈수록 더 해지는 공허함과 그만큼 초라해지고 외로워지는 그를 보고 있자니 꼭 날 보는듯했다. 이미 알고 있는 영화의 엔딩대로 영화가 끝나버리고 나면 한참을 먹먹해 있을 내가 싫어 난 도중에 자리에서 일어날 수밖 에 없었다.

하지만 한 가지 확실한 건 어디까지나 테오도르의 그녀는 컴퓨터 프로그램이고, 나의 그는 실제 인간이라는 것.

다만 그는 지구 반대편에 살고 있고, 우리가 아직 한 번도 만나지 못했을 뿐.

사실 우리가 연락하고 지낸 1년 반이라는 시간 동안 단 한 번도 만날 기회가 없었던 것은 아니었다.

첫 번째 운명의 장난!

헤어지고 3개월이 지나 그에게 다시 연락이 온 후로, 우린 친구 아닌 친구가 되었다. 3개월 전처럼 밤이고 낮이고 매일같이 연락하진 않았지만 계속해서 연락을 이어갔다.

3개월 전과 달라진 게 있었다면 그와 나의 마음뿐.

그는 더 이상 당장이라도 한국으로 달려올 것 같던 열정적인 그가 아니었다.

무뚝뚝한 성격임에도 불구하고 숱한 밤 내내 사랑한다고 속삭여주던 그는 어디에도 없었다.

오랜만에 다시 만난 친구를 대하듯 하는 그의 말투가 나를 실망스럽게 했다. 이럴 거면 차라리 연락하지 말지. 그냥 아련한 기억으로 남겨놓지. 누가 지랑 친구하고 싶다고 했나.

"내가 심심풀이 땅콩이야? 너 대체 왜 연락하는 건데!

왜 갑자기 연락해서 사람 마음 흔들어놓고 너 편할 때만 찾는 건데!

이럴 거면 다신 연락하지 마!"

그는 자신의 마음을 말하려 하지 않았다.

물어보면 물어볼수록 더 굳게 입을 다물었다. 그게 그였다.

하지만 그가 달라졌다 해서 나 역시 달라진 건 아니었다.

난 여전히 그에게 사랑한단 말을 듣고 싶었고, 사랑한단 말을 하고 싶었다.

관계를 정의해서 의무와 책임이 생기는 건 싫고, 편하게 나와 연락은 하고 싶어하는 그가 괘씸했다.

헤어지고 나서 그렇게나 그리워할 땐 언제고, 다신 함부로 그만하자는 말을 뱉지 않아야지 후회했을 땐 언제고, 이 지랄 맞은 성격은 역시 고쳐지지 않았다.

결국 또 못 참고 "연락하지 마!"라는 말을 뱉고는 마음을 굳게 먹으려고 당시 그와 나의 유일한 연락 수단이던 어플을 지워버렸다.

그러고는 다른 사람을 만나려고 참 부단히도 노력했다.

어느 날, 나를 안쓰럽게 여기던 친구가 마련한 소개팅 자리에 나가게 됐다.

외모도 직업도 어느 하나 빠지는 구석이 없는 남자였는데, 그와의 대화는 참 지루했다. 그가 지루한 사람이라는 게 아니라, 대화가 통하지 않는 기분이랄까?

이미 나의 지루한 표정을 읽은 것 같았는데도 여전히 쉴 새 없이 대화를 시도하는 그에 대한 예의로 그와 시선을 마주하며 이야기를 듣고는 있었지만, 내 머릿속에는 온통 '이 자리가 언제쯤 끝이 날까? 아까 먹은 밥은 참 맛있었어. 그나저나 집엔 언제 들어가서 언제 씻고 자나. 누가 화장 좀 대신 지워주면 좋겠다'라는 생각으로 가득했다.

드디어 그와 마주보고 있던 시선마저도 맥없이 허공을 쳐다보게 될 때쯤, 그는 내게 애프터 신청을 했다.

"내일은 뭐해요?"

"늦게 끝나요."

"그럼 이번 주말은요?"

"약속 있어요."

내 대답이 끝나자마자 그는 그럴 줄 알았다는 듯 씁쓸한 미소를 지으며 말했다.

"나 별로죠? 재미없죠?"

예상치 못한 한 방이었다. 아마 그날 그 남자가 내뱉은 수많은 말 중에서 가장 흥미진진한 한마디였을 거다. 어떻게 대답해야 하나 싶어 쳐다본 남자의 눈에는 진심이 있었다. 그 남자가 내 상대가 아닐 뿐이지, 좋은 사람이라는 생각이 드는 순간, 대충 얼버무려 대답을 피하는 건 예의가 아니라는 생각이 들었다.

"아니요. 그쪽이 별로가 아니라…… 음……, 핑퐁게임 알죠……?"

"핑퐁게임이요?"

"네. 그 게임이 왜 재미있는지 알아요? 서로 주고받기 때문이에요. 적절한 타이밍에 오는 피드백은 끊임없이 사람을 긴장하고 기다리게 만들죠. 잠깐 지쳐서 쉬는 순간에도 조금 전 그 경기가 생각나 웃게 되기도 하고요. 저는 그렇게 저와 핑퐁게임을 잘 할 수 있는 베스트 플레이어를 기다리고 있어요."

"전 그 선수가 아니라는 건가요?"

"저 역시 오늘 그쪽한테 좋은 선수는 아니었을 걸요."

다행히 그는 나와 대화는 통하지 않았지만 말귀를 알아먹는 남자였다. 우린 서로가 좋은 플레이어를 만나길 기원하며 깔끔하게 헤어졌다. 그리고는 집으로 돌아오는 길, 소개팅은 주선자에게도 자리에 나온 상대방에게도 실례라는 생각에 그날부로 접기로 했다. 그렇다고 해서 내 방황이 끝난 것은 아니었다. 친구들을 만나 술을 마시고 알딸딸한 기분에 취해있을 때쯤 자리를 함께하지 않겠냐며 말을 걸어오는 남자들이 던지는 가벼운 농담에 나 역시 가볍게 대꾸하며 마지막까지 유쾌한 여자 행세를 하고, 어느새 그 밤의 끝자락이 찾아오면 집으로 가는 택시 안에서 비로소 내 진짜 모습으로 돌아오는 날이 잦아졌다.

헤어지자마자 마치 남자친구라도 되는 양 집에 잘 들어가라며 보내오는 메시지를 지우고, 의미 없는 번호 따위도 지우고 나면 속이 텅 빈 듯 아무것도 남아 있지 않은 공허함 속에서 여지없이 미스터 프린스턴이 생각났다. 그리움이 더해질 때쯤 우리의 이별도 더할 것 없이 헤픈 엔딩과 다를 바 없는데, 심지어 우린 함께 한 추억조차 없는 형편없는 이별인데, 그게 뭐라고 이렇게나 지워지지 않는지. 헤픈 엔딩을 잊으려 헤픈 새벽을 몇 번을 더 맞이하고 집으로 돌아와야 하는 건지. 거지같은 기분으로 잠이 들고 다음날 눈을 떠 핸드폰부터 확인하는 숱한 나날의 연속이었다. 그리고 그 와중에도 그에게 연락하지 않았다는 것에 안도하고 기특한 내게 감사를 표하며 이런 게 다 헤픈 엔딩을 이겨내는 과정이라고 위안하고 또 위안하다 보니, 어느새 두 달이라는 시간이 훌쩍 지나있었다.

그날은 괜히 기분이 이상한 날이었다. 왜 살다보면 한 번 쯤 그런 날이 있지 않나.

두 달 만에 지웠던 어플을 깔고 다시 로그인했다. 불과 하루 전에 그에게서 네 통의 연락이 와 있었다. 내 이름을 부르는 메시지 두 통과 부재중 전화 두 통.

왜 이렇게나 연락을 한 거지?

불과 하루 전 연락이었기에 바로 답장을 보냈다.

"왜 연락했어?"

"뭐 했어? 왜 이제야 연락해?"

쪽팔리게 어플을 지웠다가 다시 깔았다고는 말을 못 하겠어서 대충 둘러댔다.

"핸드폰 두고 어디 좀 갔다 왔었어. 왜 그렇게 연락했어?"

"한국 갔었어."

응? 한국? 잠깐만. 한국?

그는 한국에 아주 잠깐 4일 동안 다녀갔다고 했다.

그리고 그 4일의 마지막 날, 나를 잠깐이나마 보고 싶어 연락을 했다고. 그런데 내가 받지 않았다고. 그리고 그는 지금 다시 미국으로 돌아갔다고. 그렇게 우리는 기가 막히게 엇갈렸고, 이것이 우리의 첫 번째 운명의 장난이었다.

뉴욕행 비행기 티켓을 끊은 날, 100번째 "연락하지 마!"를 외치다

"이 뉴욕 날씨 같은 여자야."

어느 날 그에게서 들은 말이다. 하루에도 몇 번씩 바뀌는 지랄 맞은 성격의 나를 최대한 고급스럽게 포장한 그의 표현이었다. 분명 속에

내포되어 있는 뜻은 부정적이었지만, 난 나름 그 표현이 좋았다. 뭔가 위트 있게 느껴지기도 하고.

다시 그에게서 연락이 온 후로 솔직하게 자신의 마음을 표현하지 않고 연락을 지속하는 미스터 프린스턴 때문에 나는 졸지에 짝사랑하는 여자가 돼 버렸다.

그것도 개똥보다 쓸 데가 없다는 ex 보이프렌드를.

친구라고 하기엔 깊고 연인이라고 하기엔 얕은 우리의 애매한 관계 속에서 나는 조금이라도 자존심이 상하고 수틀리려 할 때면 마음에도 없는 '이럴 거면 연락하지 마!'를 외쳤고, 그때마다 그 역시 '또 시작이네'라는 식으로 응수했다.

그렇게 끊었다가 다시 연락한 횟수만 수차례였다.

대체 얼굴 한 번 안 본 남자가 뭐라고. 옆에 있어 줄 수 있는 남자가 이렇게나 많은데. 당장 손잡고 데이트할 수 있는 남자가 이렇게나 널렸는데 왜 난 그 긴 시간 동안 너 하나 잊지 못 하고 이렇게 얽매여 있는 걸까?

"네가 안 봐서 그래. 그 사람을 못 봐서, 그래서 이렇게 미련이 남는 거야."

그랬다. 친구의 말이 맞았다. 이 거지같은 인연은 결국 그를 봐야 끝이 나고, 그래야 정리가 될 것 같았다. 그리고 난 드디어 결심했다. 그를 만나러 직접 가겠다고.

그 결심을 하기까지 1년 반이라는 시간이 걸렸다.

그날 새벽, 그에게 전화가 왔다.

"나 뉴욕 가려고."

그가 부담스러워 할까봐, 차마 너 때문에 일도 그만두고 뉴욕까지 간다라는 말을 할 수가 없어 날 위한 여행 정도로 포장했다. 얼마나 오랫동안 고대한 순간인가?

내가 뉴욕에 간다고 하면 그 역시 반가워 할 거라 생각했다. 좋아할 거라고 생각했다. 우리가 연락만 주고받은 그 숱한 날들 속에서 그도 나처럼 내가 보고 싶을 거라고 생각했다. 하지만 그에게서 돌아오는 대답은 내 마음을, 내 설렘을 순식간에 와장창 깨트렸다.

"나 이제 시애틀로 출장 가. 너 오면 나 뉴욕에 없어."

"아니? 설령 네가 정말 시애틀로 출장을 간다고 해도, 그래서 우리가 어쩔 수 없이 또 못 만난다고 해도 내가 지금 너에게서 듣고 싶은 말은 그게 아니야. 넌 날 볼 생각이, 보고 싶은 마음이 전혀 없는 거야. 난 그냥 너의 적적한 미국 생활에 얼굴 한 번 안 봤고, 앞으로도 볼 일 없으니 이런 저런 말 전부 편하게 할 수 있는 심심풀이 땅콩이었던 거야. 진짜 진심인데…… 연락 다신 하지마!"

뉴욕 날씨 같은 여자는 뉴욕행 비행기 티켓을 끊은 날, 그렇게 또 다시 100번째 연락하지마를 외치고야 말았다.

Love will show you everything

I love you
You Love me
take this gift and don't ask why
Cause if you will let me
I'll take what scares you hold it deep inside
And if you ask me why I'm with you and why I'll never leave
Love will show you everything

(영화 If only OST 中)

모든 수속을 끝내고 공항에 덩그러니 앉아 있는데 나도 모르게 피식 웃음이 났다.

그 동안의 시간들이 파노라마처럼 머릿속에서 흘러갔다. '100번째 연락하지 마!'를 외치고, 그도 나도 연락하지 않은 채 두 달이 흘렀다.

그와 연락도 하지 않으면서 뉴욕은 왜 가는 거냐고?

물론 뉴욕으로 가는 이유와 동기의 70퍼센트는 그였다.

뉴욕에 간다는 내 말에 시답지 않게 대꾸한 그가 미치도록 미웠고, 그만큼 서운하기도 했지만, 그럼에도 불구하고 변함없는 한 가지는 나는 그가 보고 싶었다는 것이다. 1년 반 넘게 그리워 한 사람. 만지고 싶었던 사람. 미친 듯이 싸워도 얼굴을 마주하고 싸우고 싶었던 사람. 내가 오랜 시간 마음에 둔 사람이 허상이 아니라는 것을 내 눈으로 확인하고 싶었다.

그리고 나머지 30퍼센트는 잘 풀리고 있지 않는 미래에 대한 두려움에서 온 일탈이었다. 당시의 난 몇 년 동안 제대로 되는 일이 없었고, 이렇게 내 인생이 끝나버리면 어쩌나 하는 두려움과 답답함으로 가득했다. 매일 훌쩍 떠나고 싶다는 생각만 갖고 있었다. 마음먹고 실천하는 데까지 걱정과 불안감이 앞섰던 건 여느 20대 후반 여자들처럼 나 역시 마찬가지였다.

그런 나에게 미스터 프린스턴은 일탈을 허락하게 한 계기였고, 용기였다.

뉴욕행 비행기 티켓을 끊어놓고 떠나는 날까지 내 일상은 무척이나 고되고 바빴다. 평일엔 회사에 출근했고, 주말엔 카페에서 아르바이트를 했다. 세 달이나 물가 비싸기로 소문난 뉴욕에 머무는 거라, 한 푼이라도 더 모아야했다.

게다가 매일같이 전화해서 이제 친구의 자식들이 결혼을 하나둘씩 하기 시작한다, 아이들이 예뻐 보이기 시작했다, 슬슬 손주 볼 나이가 된 것 같다는 부모님에게 소개팅 어플에서 만난 남자 때문에 뉴욕까지 간다는 말은 죽었다 깨나도 못 할 말이었다. 과년한 딸이 더 늦기 전에 가는 청춘 여행 정도로 포장해 놨는데 손을 벌릴 수는 더더욱이나 없는 노릇이었다. 하필 대학원 논문학기까지 겹쳐 평일에 퇴근하고 나서는 대학원까지 종횡무진 하는 날의 연속이었다. 눈 코 뜰 새 없이 바쁜 나날을 보내는 동안 내가 가지고 있던 유일한 희망은 이 모든 것이 몇 달 후에는 끝이 난다는 것이었다. 그리고 그 끝에는 그를 볼 수 있을 거라는 설렘과 믿음이 있었다.

물론 두 달이라는 시간은 새로운 사람을 만나기에도, 새로운 사랑이 시작되기에도 충분한 시간이다. 뉴욕으로 떠나는 날짜까지 받아놓고 하필이면 왜 이 시점에 또 연락이 끊겨 지금 다른 사람을 만나고 있는지, 출장을 간다던 시애틀은 갔는지, 잘 지내고는 있는지, 아무것도 알 수 없었지만 난 그저 뉴욕에 가면 그를 만날 수 있을 거라고, 내 지극한 사랑의 엔딩은 해피엔딩이라고 믿을 뿐이었다.

진실한 사랑의 3단 변화는 love-love-love가 아니라 believe-believe-believe이니까.

미치도록 떨릴 줄 알았던 여행 당일, 나는 생각보다 침착했고 평온했다. 앞으로 3개월 동안 어떤 일들이 기다리고 있을까?

한치 앞도 예측할 수 없지만, 절대 후회만은 하지 않기를.

그 끝은 달콤할 것이며, 그 길 끝에 결국은 네가 있기를.

내 마음이, 내 시간이 결코 헛되지 않기를.

지금 이 순간 "어떻게 뉴욕으로 3개월이나 떠날 결심을 할 수가 있어요?"라고 누군가 내게 묻는다면 내 대답은 딱 하나.

Love will show you everything.

사랑이 모든 걸 말해 줄 거예요.

지금 이 순간 "어떻게 뉴욕으로 3개월이나 떠날 결심을 할 수가 있어요?"
라고 누군가 내게 묻는다면 내 대답은 딱 하나.

Love will show you everything.
사랑이 모든 걸 말해 줄 거예요.

II. 광주 촌년의 뉴욕 신고식

OZ 222 뉴욕행 비행기, 옆 좌석 남자, 불운의 예고

"다행이에요. 제 옆에 늙은 빅마마가 앉을 줄 알았는데, 연지 씨와 앉아 이렇게 뉴욕에 가게 돼서."

　왜, 그럴 때 있지 않나? 조용히 혼자만의 고요함 속에 빠지고 싶을 때. 그렇게 고대하던 곳으로 떠나는 비행기 안에 올라 좀 더 두근거리는 마음과 설렘을 만끽하고 싶을 때. 기내 창문 너머로 보이는 솜사탕

같은 구름에 발을 동동거리며 아이 같은 기분을 느끼고 싶을 때.

그런데 지금 내 옆에 앉은 남자는 비행기가 이륙한 순간부터 그 모든 순간을 완벽하게 조각내주고 있다.

남자는 뉴욕까지 가는 14시간 동안 본인 옆에 미국영화에서나 볼 법한 빅마마가 앉으면 어쩌나 걱정하며 비행기를 탔다고 했다. 그런데 내가 앉아서 다행이라는 거다.

하지만 그건 어디까지나 그쪽 생각이고, 나는 조용히 혼자 14시간을 가고 싶다.

어젯밤 한숨도 못 잤다. 14시간 기절하듯 자고 일어나면 뉴욕에 도착해 있으면 좋겠다고 생각하는 마음과는 달리, 아까부터 레드불 열 캔을 원샷 때린 것처럼 심장은 계속해서 쿵쾅거리고 오만가지 생각에 머릿속도 시끄러워 극도로 예민하다. 고로 누군가와 얘기하고 싶은 생각? 조금도 없다.

그런 내 생각을 눈빛으로, 목소리로 분명 드러냈다고 생각했지만, 돌아오는 반응을 보니 더 적극적인 의사표현이 필요한 듯했다.

"저는 제약업체 관련 일을 하고 있는데⋯⋯,"

나는 이 남자가 제약업체 관련 일을 하는지, 의사인지, CEO인지, 하다못해 뭐 대통령이라 한들, 이 비행기가 추락해 옆에 앉은 사람의 신원확인을 해야 하는 상황이 아닌 이상 조금도 궁금하지 않다. 그런 내 생각은 아웃오브안중이고 남자는 나와 14시간을 꼬박 토킹 어바웃

하며 날아가고 싶은 모양이다.

심지어는 "포커 할 줄 알아요? 모르면 제가 알려줄게요. 스튜어디스한테 카드를 좀……."

"아니요! 죄송한데 저는 좀 자야겠어요. 밤에 잠을 좀 설쳐서 지금 되게 피곤하거든요."

"아, 그래요."

지나가는 스튜어디스를 불러 세워 카드를 주문하려고 했을 때는 더 이상 참을 수 없어 강력하게 내 의사를 표현했고 남자는 굉장히 아쉬운 표정을 지었다. 그러거나 말거나 난 철저하게 이야기할 의사가 없음을 어필하는 기내용 헤드셋까지 쓰고 죽은 듯이 자는 척을 하려는데…….

"연지 씨! 연지 씨!"

또 다시 내 이름을 부르는 옆 좌석 남자.

와, 지금 나랑 해보자는 거지? 프롤로그에서 이미 말했지만, 내 성격은 그리 여리여리하지 않다.

"네, 왜요!"

한숨을 한번 푹 쉬고 앙칼지게 고개를 돌리는 순간, 날 향해 미소 짓고 있는 스튜어디스와 남자가 보였다.

"손님, 기내식 어떤 걸로 준비해드릴까요?"

"……양식 주십쇼."

하필 기내식은 왜 그 타이밍에 나오는 건데? 배는 고파 죽겠고, 밥은 먹어야겠고, 어쩔 수 없이 자는 척을 포기하고 스테이크를 썰기 시작했다.

"양식 좋아하시나 봐요. 저는 한식을 좋아해요. 고추장 달라고 할 건데 연지 씨도 혹시 고추장 필요하세요? 양식이라 고추장 괜찮으신가?"

이쯤 되면 내 옆 좌석 남자는 지금 나랑 단 둘이 레스토랑에서 밥을 먹고 있다고 생각하는 것은 아닐까? 아님 맞선이라도 보고 있다고 생각하는 걸까?

지칠 줄 모르고 끊임없이 말하는 그 남자의 입에 정말이지 스테이크를 쳐 넣어버리고 싶었다. 적당히 웃는 낯으로 대답해주는 것도 한두 번이다. 최대한 빨리 먹고 자는 게 상책이지 싶어 급하게 스테이크와 와인을 흡입하고, 취기를 조금 더 빌리고자 위스키를 주문해 스트레이트로 원 샷을 하는데 그 모습을 쭉 지켜본 옆 좌석 남자 왈,

"이야, 연지 씨 술 좋아하시나 봐요. 언제 한국에서 저랑 술 한 번 마셔요. 아님 내일 뭐해요? 이렇게 만난 것도 인연인데 우리 내일 맨해튼에서 술 한 잔 할까요?"

욕을 해버릴까? 광주 사투리 적나라하게 써가며 그냥 욕을 한 바가지 시원하게 해버릴까? 그러면 이 작자가 앞으로 남은 비행시간 동안 입을 닫고 쥐 죽은 듯이 있을까?

더는 표정 관리도 되지 않을 것 같던 그때, 남자는 화장실을 다녀오겠다며 자리에서 일어났고, 난 식사 내내 마셔댄 와인과 위스키 덕분에 금방 잠에 들 수 있었다.

"으음……."

몇 시간이나 잤을까? 그리 긴 시간이 흐르진 않았지만, 어느새 창문 밖은 어둠으로 가득했고 기내 안도 고요해져 있었다.

영화나 한 편 볼까 싶어 좌석에 파묻고 있던 몸을 일으키는데, 그 고요한 비행기 안에서 나지막이 들리는 목소리…….

"일어났어요?"

그 순간 내가 공포영화 속 주인공이 된 줄 알았다.

내가 일어나기만을 기다렸다는 듯이 날 보고 웃고 있는 옆 좌석 남자.

"연지 씨 자는 동안 심심해 죽는 줄 알았어요. 역시 사람이 말을 해야……."

"죄송한데요, 저 좋아하는 사람 있어요! 지금도 그 사람 보러 뉴욕에 가는 거거든요! 아까부터 무슨 이유로 자꾸 한국에서도 술 한 잔 하자, 뉴욕에서 만나자 이러시는지 모르겠는데요. 저 사랑하는 사람 있어요!"

난 정말이지 내가 기내 안에서 내 사랑을 누군가에게 고백하게 될 거라고는 꿈에도 생각하지 못 했다. 그것도 생판 모르는 남자한테. 그런데 더 어이가 없는 건 옆 좌석 남자의 다음 말이었다.

"네. 저도 와이프랑 아들이 있어요."
무슨 시트콤도 아니고. 그렇게 나는 남은 비행시간 동안, 뉴욕에 도착할 때까지, 아니 비행기가 착륙하고 나서까지도, 한동안 계속해서 눈을 감고 있어야 했다.
눈을 감고 있는 내내 확신했다. 단언컨대 이 날의 비행은 내 인생 최

드디어 14시간의 비행이 끝났다! 뉴욕이다!
옆 좌석 남자, 아니 유부남과도 굿바이다!

악의 여행길 탑5 안에 들 것이라고. 어떻게 고작 14시간 동안 타는 비행기 안에서까지 인생은 계획대로 움직여주지 않는 걸까? 어쩌면 이 비행이 앞으로 있을 불운을 예고한 건지도 모른다.

Hello, New York City!

"혹시라도 경찰이 너한테 와서 가방을 보여 달라든가, 점퍼를 벗어 보라 한다든가하면 절대 저항하지 말고 가만히 있어야 해. 알지? 미국 경찰은 저항하려는 순간 바로 총 쏘는 거? 그리고 빨간 립스틱 바르지 말고! 최대한 수수하게!"

나는 지금 입국심사 대기줄에 서 있다.

사람이 죄 짓고 살면 안 된다는 말을 여기서 또 실감하게 될 줄은 몰랐다. 미국에 다녀온 경험이 있는 친구가 해준 조언은 안 그래도 걱정되는 입국심사를 더 걱정하게 만들었다.

빨간 립스틱 바를 생각도 없었지만, 아니, 미국 한번 들어가려면 립스틱 컬러까지 신경 써야 하는 거야? 나 참! 더럽고 치사해서! 내가 내 돈 들여 여행 온다는데!

말은 이렇게 하면서도 아까부터 심장이 터질 것 같고 다리가 부들

부들 떨리고 식은땀도 나는 것 같다.

죄가 없어도 죄 지은 기분이 드는 JFK 공항 분위기는 인천 공항과 사뭇 달랐다. 아니면 인천공항은 그저 내 나라, 내 언어를 쓰는 곳이라 심리적으로 더 편했던 걸까?

아니다. 적어도 인천공항엔 영화에서나 봤을 법한 총을 찬 경찰이 이렇게나 많이 깔려 있지는 않았다.

공항 곳곳에 보이는 경찰의 숫자만 해도 광주 촌년에게 위화감을 주기에는 충분했다.

어찌됐든 광주에서 20년을 살고 서울에서 8년을 산 대한민국 국민으로서 지금까지 영어를 쓸 일이 없었던지라, 한국을 떠나오기 전부터 입국심사가 가장 걱정이었다. 심지어 입국 거부를 당하면 어쩌나 해서 기내에서도 외워 온 문장을 얼마나 속으로 달달달 읊어댔는지 모른다. 이것만 잘 끝내면 된다. JFK공항까지 난관 없이 잘 도착했다. 아, 옆 좌석 유부남이 난관이었다면 난관이었지만.

드디어 내 차례! 불안한 마음을 해맑은 미소 뒤편으로 보내고 입국 심사대 앞으로 당당하게 걸어갔다. 그리고는 먼저 손까지 흔들며 밝게 "Hi!"를 외쳤다.

입국 심사대에 앉아 있던 남자는 여권을 한번 보고 내 얼굴을 힐끗 보더니 귀엽다는 듯 "Hi"라고 답했다. 이 남자, 날 보고 웃었다. 웃었으면 게임 끝이다.

"What's the purpose of your visit for 3 months?"

"Umm, because…… because of…… Love!"

"Love? Oh! your boy friend lives in here! and you have a vacation, right? enjoy your vacation, next!"

"……Okay, right. Haha, thank you."

난 달달달 열심히 외워 온 문장을 'Love'라는 한 단어에 모두 담아냈고, 다음 사람에게 자리를 넘겨주고 유유히 옆으로 밀려나야 했다.

내가 해야 할 말을 지가 다 해버린 직원 때문에, 너무 금방 끝이 나버린 입국심사는 불쾌한 기분까지 들게 했다. 수하물을 기다리는 내내 외워 둔 문장이 머릿속을 헤집고 다녔다.

'에이, 아니다. 괜히 짧은 영어로 말 길게 했다가 실수했으면 더 큰 일이지' 하며 아쉬운 마음을 달래고 있는데 옆에서 함께 짐 가방이 나오기만을 기다리던 할머니와 눈이 마주쳤다. 영락없이 로맨틱코미디 영화에서 많이 본 귀여운 노부인의 모습이었다.

"Hi!"

그녀는 인자한 웃음과 함께 내게 인사를 건넸다.

방금 전 입국심사에서 생긴 아쉬움을 할머니와의 프리토킹으로 달래야겠다 싶어, 나는 그녀의 인사에 화답했다.

"Hi!"

"Do you live in New York?"

"No! I just…… tourist."

"Oh nice. So where are you going now?"

"I'm going to Manhattan!"

"Sorry? Where?"

"Manhattan!"

"Sorry?"

심지어 할머니는 옆에 계시던 할아버지에게 뉴욕에 저런 곳이 있느냐고 까지 물어보고 계셨다. 아니, 할머니 맨하탄 간다고요. 맨하탄! 뉴욕의 상징 맨하탄! 맨하탄을 정말 모르셔서 지금 계속 물어보시는 거예요? 아님 맨해튼이라고 해야 하는 건가?

난 내 말을 전혀 못 알아듣겠다는 할머니께 다시 한 번 "맨해튼"이라고 대답했지만 여전히 그녀는 '그래서 이 계집애가 대체 어딜 간다는 거야?' 싶은 표정이었다.

결국 나중엔 스펠링을 하나하나 읊어댔다.

"Okay. M. A. N. H. A."

"Oh! Manhattan!"

나야말로 방금 전 할머니가 무슨 말을 하신건가 싶다. 그녀의 발음은 완벽하게 나와 달랐다.

맨해튼도 아닌, 맨하탄도 아닌, 맨해은!

뒤에 tan은 심지어 아예 들리지도 않는다.

지금까지 뉴욕 배경으로 나왔던 영화나 책에서도 번역을 전부 맨하탄 내지는 맨해튼으로 해놔서 그렇게만 생각했지, 맨해은이라고는 꿈에도 생각 못 했다.

때마침 할머니의 짐 가방이 나왔고, 인자한 미소의 그녀는 내게 즐거운 여행이 되라는 인사와 함께 유유히 공항을 빠져 나갔다. 난 그런 할머니의 뒷모습을 보며 입국심사가 길지 않았던 게 천만다행이었음을 처음으로 감사하게 생각했다.

어찌됐던 맨해튼이든 맨해은이든 그건 그거고, 오 마이 갓! 난 지금 뉴욕이다!

짐 가방을 찾아 공항을 나가려고 발걸음을 옮겼다.

공항 통유리로 뉴욕의 맑은 가을 날씨를 볼 수 있었다. 익숙하지 않은 사람들이 내 옆을 스쳐지나가고 생소한 표지판을 보며 생전 처음 와보는 JFK 공항을 빠져나가는데 왠지 모를 익숙함과 편안함을 느꼈다면 믿을 수 있을까? 그렇게 오랜 시간 고대하던 뉴욕에 왔다는 설렘만이 아닌, 뭐랄까, 기분을 정확하게 글로 표현할 수는 없지만, 지금 생각해 보면 아무래도 이거였던 것 같다.

'나 여기 다시 또 올 것만 같아. 아니. 이제 자주 올 것 같아!'

그렇게 나의 뉴욕 여행은 시작됐다.

설렘과 익숙한 편안함을 함께 느끼며.

그녀는 불안했다

영화에서 시한폭탄을 들고 있는 주인공이 시간이 흐르면 흐를수록 초조해하고, 동시에 자꾸만 초침 소리가 커지는 장면을 한번쯤은 본 적이 있을 거다.

지금 내가 그렇다.

손에 쥔 핸드폰은 폭탄이나 다름없다.

미국 하늘 아래에서 데이터를 남발하고 있는 핸드폰이 폭탄이 아니고야 무엇이 폭탄이겠느냐는 말이다. 더더군다나 로밍해온 핸드폰도 아니다.

내 계획은 결코 이게 아니었다.

뉴욕에 도착하자마자 공항에서 유심을 살 생각이었다.

한국에서 사는 것보다 미국 현지에서 사는 것이 훨씬 더 저렴하다고 들어 공항에 도착하자마자 구입할 생각으로 왔는데 웬걸, 수하물을 찾을 때 만난 한국인 유학생에게 공항 어디에서 유심을 살 수 있느냐고 물었더니 공항에서 사는 것보다 '맨해은'으로 나가서 사는 것이 훨씬 저렴하다는 것이다. '그런데 난 짐도 많고 택시도 불러야 하는데…… 숙소도 찾아가야 하고…… 그러려면 핸드폰을 써야 하는데. 아! 공항 와이파이!' 이런 내 생각을 보란 듯이 비웃듯 JFK 공항은 와이파이가 터져주지 않았다.

이제 어쩌지? 이 짐을 끌고 한 번도 타본 적 없는 뉴욕 지하철을 타는 것은 정말 미션 임파서블이다. 게다가 난 영어도 못 한단 말이다!

한국인 유학생은 자기는 정보를 줬으니 선택은 너의 몫이라는 듯 사라진지 오래다. 난 차선을 생각하려고 열심히 또 머리를 굴렸다. 택시를 불러 숙소를 찾아가야 하는 지금 당장 유심이 꼭 필요하지만, 약 세 달간 뉴욕에 머물려면 한 푼이라도 더 아껴야 한다는 광주 촌년 마인드가 가슴 저 깊은 곳에서 스멀스멀 기어오르고 있었다.

결국 난 유심을 사지 않은 채 무작정 공항을 빠져나와 에어트레인 쪽으로 발걸음을 옮겼다. 사람 사는 곳 다 거기서 거기고, 택시비를 아껴 유심을 사면 초반부터 얼마를 아낄 수 있느냐는 생각에, 생전 본 적도 없는 뉴욕 지하철에 과감하게 도전하고 있었다.

하지만 그때 난 유심을 샀어야 했다. 유심을 사야 했고, 택시를 탔어야 했다.

뉴욕 첫 날, 도착하자마자 국제 민폐녀가 될 줄은 에어트레인 쪽으로 발걸음을 옮길 때까지만 해도 생각하지 못했다.

'뉴욕은 지하철이 공짜야? 대체 티켓 사는 곳이 어디 있는 거야?'

28인치 캐리어 하나에 기내용 수하물 정도 되는 짐 가방 하나에 백팩까지, 남는 손 하나 없이 짐을 끌고 이고 몇 분째 지하철 티켓을 사러 헤맸다.

한국에서도 안 해본 무임승차를 뉴욕에 와서 인생 처음으로 해야 하는 것인가 하고 심각하게 고민하고 있을 때, 공항 직원으로 보이는 남자를 발견했다.

역시 곧 죽어도 물어 보는 게 직방이다. 난 한국에서도 길을 못 찾는 길치다. 그래서 조금만 길을 모르겠다 싶으면 바로 지나가는 사람을 붙잡고 물어본다. 그것만큼 빠른 게 없으니까.

뉴욕에서도 예외는 아니었다. 영어 못 한다고 망설이는 거? 그딴 거 전혀 없다.

지금 난 당장 숙소를 찾아가야만 한다!

"Excuse me."

용기 내어 공항 직원으로 보이는 남자에게 말을 건넸고, '뭐냐 넌?'

이라는 표정으로 날 쳐다보고 있는 그에게 일단 생각나는 단어를 두 서없이 내뱉었다.

"Where…… I ticket buy?"

물어보는 것까진 어떻게 했는데 그 다음이 문제였다.

공항 직원은 다행히도 내 거지같은 발음과 문장을 알아듣고는 아주 유창하게 대답해주었고, 난 완벽하게 못 알아들었다.

"Umm I…… want a ticket! subway ticket! so where? you understand?"

나는 다시 한 번 용기 내어 물었고, 공항직원은 기특하게 이번에도 내 질문을 찰떡같이 알아듣고는 뭐라뭐라 대답했지만, 내 귀는 막혔나보다.

난 28년 인생 처음으로 귀머거리가 되었다.

당최 그 직원이 하는 말이 들리지 않는 거다. 여전히 못 알아듣겠다는 표정으로 손짓 발짓을 하고 있는데 마침 에어트레인이 도착했고, 문이 열림과 동시에 그는 날 지하철 안으로 밀어 넣었다.

어? 잠깐만! 나 아직 티켓 안 샀는데?

공항 직원은 괜찮다는 듯이 날 향해 손을 흔들었고, 그렇게 문은 닫혔다.

일단 밀어 넣어진 마당에 자리를 찾아 앉았고 다시 한 번 공항직원이 했던 말을 곱씹어 보니 타고 가다가 내린 곳에서 지불하면 된다는 것 같았다.

지하철을 타긴 했으니 한시름 놓아도 된다는 생각이 들던 찰나, 그래서 어디서 내리지? 하는 생각이 또 다시 뇌리를 스치고 지나갔다.

"Excuse me?"

혼자 고민하는 시간은 그리 길지 않았다. 바로 옆에 앉아 있는 중년 남자에게 말을 걸었고 중년 남자는 핸드폰으로 무언가를 유심히 보고 있다가 내가 말을 걸자 나를 향해 고개를 돌렸다.

"I…… want to…… go to Manhattan. So…… where I go?"

맨해은 가고 싶다고 해놓고, 그래서 나 어디 가냐는 말도 안 되는 문장이었다.

난 "Where do I get off?"라고 말하고 싶었는데, 당시 내 머릿속에 'get off'는 점으로도 없는 고급 숙어였다. 그런데 정말 신기하게도 여기 사람들은 영어 못 하는 사람의 회화까지 전부 공부하나보다. 개떡 같은 내 말을 또 찰떡같이 알아듣고는 자메이카 역에서 내리면 된다고 대답하는 것이다. 또 하나의 산을 넘었구나 싶은 순간, 산 넘어 산이다. 지하철 안에 노선도가 전부 붙어 있는 한국과 달리, 이놈의 에어 트레인 안은 왜 이렇게 깨끗한지. 지금 내가 어디쯤이고, 그래서 자메이카 역에 언제 도착하는지 알 수 있는 방법은 오로지 에어트레인 안에서 들리는 안내 방송 뿐이었다.

하지만 내 귀는 귀머거리가 된 지 오래다. 바로 옆에서 사람이 육성으로 하는 말도 못 알아들어서 죽겠는데 웅성거리는 시끄러운 지하철 안에서 들려오는 안내 방송을 알아듣기란 고3 시절로 돌아가 외국어 영역 듣기 평가를 하는 일만큼 어려웠다.

난 한 정거장이 지날 때마다 옆에 남자에게 "이번에 내리는 거니?" 하고 물었고, 결국 그 남자는 내 옆에서 자리를 이동하고야 말았다.

졸지에 민폐녀가 되어버렸구나 생각하고 있던 찰나, 그간 날 쭉 지켜보고 있던 곱게 늙은 노부인이 "지금 내리면 돼!"라고 말해 준 덕분에 가까스로 자메이카 역에 도착할 수 있었다.

자메이카 역에서 숙소가 있는 퀸즈까지는 핸드폰이 필요했다. 그래서 비행기 모드를 풀었고, 그때부터 해외 데이터는 홍수 터지듯 터지기 시작했다. 해외에서는 조금만 데이터를 써도 요금을 폭탄으로 맞는다던데. 망했다. 망했어.

유심을 샀어야 했다고 후회해도 이미 늦은 상태.

"택시 타고 오고 계시죠?"

숙소 주인 언니는 내가 당연히 택시를 타고 숙소로 향하고 있을 거라고 생각했다. 지금까지 공항에서부터 그 많은 짐을 끌고 지하철을 타고 숙소로 온 사람이 단 한 명도 없었기 때문이다. 하지만 난 본의 아니게 그 많은 짐을 바리바리 끌고 지하철을 타고 숙소를 찾아가고 있는 짠순이 악바리녀가 되어 있었다.

"아니요 언니. 저 지금 지하철 타고 이동하고 있는데요. 여기가 어디인지 당최……. 그리고 언니, 맨해은 역은 아무리 찾아봐도 없는데요?"

"네? 맨해은 역이요? 어머, 연지 씨! 맨해은 역은 없어요!"

"네? 무슨 말씀이세요? 맨해은 역이 없다니요? 맨해은으로 가는 열차 타라고 하셨잖아요?"

그랬다. 난 강남역처럼 맨해은 역이 있는 줄 알았다.

계속 지하철 노선도에서 'Manhattan station'만 찾고 있는데 아무리 찾아도 그런 역은 보이지도 않고, 홍수 터지듯 터지고 있는 데이터 때문에 마음은 급하고, 뉴욕에서는 3G로만 터지는 핸드폰 기종 때문에 언니와의 전화는 뚝뚝 끊기고, 연락도 원활하게 안 되고 맨해은역이나 찾고 있던 내가 답답했던 주인 언니는 결국 택시비를 줄 테니 택시를 타고 오라는 말까지 했지만 난 한사코 사양하며 꿋꿋하게 지하철을 탔고, 가까스로 퀸즈에 도착해서도 내려야 할 정거장에서 한 정거장을 더 지나쳐 결국 주인 언니는 생후 18개월밖에 안 된 아이를 유모차에 태우고 날 데리러 나와야 했다.

나는 공항에서 유심을 샀어야 했다. 돈 한 푼 아끼려고 이게 뭔 개고생이냐 이 말이다.

나중에 주인 언니의 말을 들어보니 가관도 아니었다.

"맨 처음엔 너 이상한 앤 줄 알았어. 그 많은 짐을 끌고 지하철을 타고 온다 그러질 않나. 돈 줄 테니 택시 타고 오라 해도 끝까지 지하철을 타고 와서는 결국 또 한 정거장 지나쳐서 내리질 않나. 이상한 애 들어오는 줄 알고 숙소 애들이랑 얼마나 걱정했는지 몰라. 결정적으로 맨해은 역을 찾는 애는 내가 한인 민박을 운영한 이래로 네가 처음이었어."

그렇게 광주 촌년은 뉴욕에 도착한 첫 날, 국제 민폐녀로 뉴욕 써니

"언니! 아무리 찾아도 맨해은 역은 없는데요?"
"어머, 연지 씨! 맨해은 역은 없어요!"

사이드 스킬맨 에비뉴 48번가에 무사히(?) 입실할 수 있었다.

뉴요커 코스프레의 시작은 조깅부터

난 뭐니뭐니 해도 뉴요커 코스프레의 시작은 조깅부터라고 생각한다.

로맨틱 코미디 영화에 자주 등장하는 장면 아닌가? 센트럴파크나 브루클린 브릿지 위를 레깅스만 입고 달리는 금발의 미녀들. 내가 머무는 숙소는 안타깝게도 맨해은에 있는 것이 아니라 센트럴파크까지는 갈 수 없고, 본의 아니게 태어날 때 국적을 선택할 수 없었던 터라 금발의 미녀도 될 수 없지만, 한국에서 준비해온 레깅스는 있다! 혹시라도 허세녀가 아니냐는 의심을 살 수 있어 하는 말인데, 난 원체 한국에서도 운동하는 걸 좋아해 새벽마다 운동하러 피트니스 센터에 가던 여자다.

물 만난 고기처럼 타이트한 레깅스를 신고 아침 일곱 시, 스킬맨 애비뉴 48번가의 문을 활짝 열었다!

뉴욕의 가을 아침이 이렇게나 상쾌하고 맑을 수 있을까?

벌써부터 하루를 시작하는 뉴요커가 많았다. 나처럼 조깅을 하는 사람, 출근길인 사람, 아이의 등굣길을 함께 하는 사람들이 나와 눈이 마주치자 마치 어제 본 사람인 양 내게 친근하게 인사를 건넸다.

"Good morning!"

"굿…… 굿모닝!"

이야, 사람 살 맛 나네. 누가 뉴요커를 시니컬하다고 했는지 모르겠다!

한국에서는 한강 공원을 뛰고 있을 때 모르는 사람이 인사를 건네는 일도 없지만 행여 건넨다 해도 '뭐야 저 사람? 날 알아?'라는 눈초리를 보내며 이상한 사람 취급하기 바쁠텐데, 뉴요커들은 달랐다. 눈이 마주치면 시간과 장소를 불문하고 무조건 굿모닝, 헬로우, 하이, 굿나잇, 굿데이 등의 인사를 나눈다. 뜨내기 관광객에게도 마치 이곳에서 태어나고 자란 뉴요커가 된 듯한 기분을 느끼게 해주는 그들의 친근한 인사가 난 참 좋았다.

역시 나오길 잘했다고 생각하며 동네를 천천히 뛰기 시작하는데, 그 순간 발끝에서 전해져오는 이 푹신함은 뭐지?

아래를 내려다보니 그건 꽤 큰, 덩치가 있을 법한, 그러니까 애완견의 것이라고 치기엔 조금 많이 큰 개의 똥이었다. 뉴욕 하늘만 쳐다보고 뉴요커와 인사 나누는 재미에 푹 빠져 있다 개똥을 밟은 것이다. 밟아놓고 주변을 둘러보니 그제야 길가 군데군데 보이는 개똥.

그러고 보니 나처럼 조깅하는 사람들의 대부분은 애완견과 함께 뛰고 있었다.

퀸즈 서니 사이드의 아침!
이때까지만 해도 몰랐다. 내가 앞으로 장장 세 시간을 조깅하게 될지.

    그날은 뉴욕에 온 지 이튿날이라 몰랐지만, 뉴욕에서 개똥은 번화가가 아닌 이상 정말이지 흔하게 볼 수 있는 것이다. 누군가가 내게 '뉴욕에서 개똥이란?'이라고 질문한다면 바닷가에 있는 갈매기라고 답하고 싶다. 한국에서도 한 번도 안 밟아본 개똥을 뉴욕에 와서 아침 댓바람부터 밟았다는 생각에 짜증이 나는 건 사실이지만, 그렇다고 뉴요커 코스프레를 끝낼 수는 없었다. 내게는 동네 곳곳이 구경거리였으니까. 마침 할로윈 데이가 보름 앞으로 훌쩍 다가온 시점이었다. 그야말로 동네 전체가 호박 밭이었다.

    집집마다 서로 자기 집이 더 잘 꾸며났다고 뽐내는 양, 각종 괴기스

러운 장식과 전시물들이 시선을 사로잡았다. 한국의 할로윈 데이와는 차원이 다른 수준이었다.

지난 밤, 룸메이트와 할로윈 데이 때 함께 클럽을 가기로 약속했다.

날 알아보는 사람 하나 없는 뉴욕에서 보내는 첫 할로윈 데이인데 무슨 코스프레를 해야 할까? 얌전빼지 말고 화끈하게 바니걸? 아니면 뱀파이어? 둘 다 너무 흔하잖아? 어디서 한복을 구할 수는 없나? 할로윈 데이날 뉴욕 클럽에 등장한 한복녀! 멋있는데? 나는 혼자 이런 저런 생각에 빠져서 뛰다가 갑자기 급브레이크를 밟은 자동차처럼 우뚝 멈춰 서고야 말았다. 여기가 어디지? 안 그래도 낯선 곳이 더 낯설게 느껴졌다. 분명 집 주변을 서너 바퀴 돌고 있다고 생각했는데 어느새 한 시간이 넘게 뛰고 있었고, 어딘지 가늠도 못 할 곳에서 길을 잃어버렸다. 뉴욕에서는 표지판만 잘 봐도 길을 잃지 않는다는 미스터 프린스턴의 말이 생각나 현재 위치를 알아보려고 표지판을 보는데 숙소가 있는 스킬맨 애비뉴조차 아니었다. 이미 나는 동네에서도 벗어나 있었다.

침착하자. 밤도 아니고 아침이라 위험하지도 않고, 핸드폰도 가지고 나왔고, 정 안되겠으면 주인 언니한테 전화를 하면 된다고 생각하는데 그 순간,

"난 정말 너 이상한 앤 줄 알았어. 숙소 애들이랑 이상한 애 들어오는 줄 알고 얼마나 걱정했는지 몰라."

얼마나 걱정했는지 몰라…….

얼마나 걱정했는지 몰라…….

주인 언니의 말이 귓가를 맴돌았다. 간신히 이상한 애라는 오해를 풀었는데 또 다시 하루 만에 조깅하다 길을 잃었다는 전화를 한다면 내 남은 여행 기간 동안 숙소에서의 생활이 그다지 즐겁지 않을 것만 같았다. 외톨이가 될지도 모른다. 민폐녀로 낙인찍혀 아무도 내 곁으로 안 올지도 모른다. 어떻게 해서든 난 혼자 스킬맨 애비뉴 48번가를 찾아 돌아가야 한다!

"Excuse me."

무작정 조깅하는 남자를 불러 세웠다. 그는 올란도 블룸을 닮은 바람직한 훈남이었다. 어떻게 이곳은 길 가는 사람을 무작정 불러 세워도 올란도 블룸이야? 잠시잠깐 비주얼에 본분을 망각한 내게 그는 환하게 웃으며 인사했다.

"Hi! How are you?"

엥? 잘 지내냐고? 우리 초면 아니니?

그때까지만 해도 난 한국의 주입식 영어에 길들여져 있던 때라 내게 '하우아유'는 '잘 지내니?'고, 그에 대한 대답은 '아임파인땡큐 앤쥬?'였다. 여지없이 나의 입에서는 익숙한 문장이 조건반사적으로 튀어 나왔고, 내 대답에 무장해제가 될 만큼 훈훈한 꽃 미소와 함께 "Yeah! Good!"이라고 대답하는 올란도 블룸을 보고 있자니, 어디 가까운 스타벅스에 들어가서 모닝커피라도 한 잔 하자고 하고 싶었지만 지금은 그럴 때가 아니었다.

"Where is Skillman Avenue……."

48이 영어로 뭐더라? 아!

"……forty eight street?"

꼭 결정적인 순간에 기억나지 않는 단어는 지극히 쉬운 단어들이다.

올란도 블룸은 "Oh! Skillman Avenue? So far"라고 대답했다.

대체 개똥 밟고 어디까지 뛰어왔는지는 모르겠으나, So far라는 단어 앞에 난 무너질 수밖에 없었고, 그런 내 표정을 알아챘는지 올란도 블룸은 친절하게 라이트, 레프트를 써가며 길을 알려주었다. 그렇게 난 아침댓바람부터 또 다시 고3 수험생으로 돌아가 외국어 영역 듣기평가 길 찾기 문항을 푸는 기분을 느껴야만 했다. 오른쪽인지 왼쪽인지 헤매고 있다가 이미 문제가 끝나 있던 적이 허다했던 지난 시절이 기억났다. 멍하니 조깅 훈남의 손끝만 바라보고 있다 보니 어느새 문제는 끝나 있었다. 다시 한 번 말해 달라 해봤자 여전히 못 알아들을 것 같고, 대충 손으로 가리키는 곳을 봤으니 일단 가보기로 했다. 가다가 모르면 또 다른 조깅 훈남한테 물어보지 뭐! 이번엔 주드 로를 닮은 남자면 좋겠다고 생각했다. 조깅하다 길을 잃는 것도 쏠쏠한 재미가 있다고 생각한 순간이었다. 난 "Thank you so much"를 남발하며 올란도 블룸과 서둘러 헤어졌다.

"다녀왔습니다!"

"우와. 연지 조깅 되게 오래 하네!"

"하하. 뉴요커 되려면 이정도 조깅은 해줘야죠."

그날 나는 총 세 시간을 조깅했고, 그덕에 뉴욕에 도착한 이튿날 아침부터 밥을 야무지게 두 그릇이나 비울 수 있었다.

여기가 뉴욕이라고?

그러니까 내가 지금 타임스스퀘어에 간단 말이지?

사진으로만 보던 그 휘황찬란한 곳! 브로드웨이 뮤지컬이 성황리에 공연 중인 바로 그곳! 드디어 유튜브 동영상이 아닌 직접 내 눈으로, 내 귀로 뉴욕 브로드웨이 뮤지컬을 보고 들을 수 있다니 이게 꿈인가 생시인가 싶다.

타임스스퀘어는 뉴욕의 상징답게 내리는 역 이름까지 친절하게 'Times square-42nd'라서 가는 방법을 쉽게 찾을 수 있었다. 내가 머물고 있는 퀸즈에서는 7트레인을 타야 했다.

'그런데 이게 무슨 냄새야?'

핸드폰으로 타임스스퀘어까지 가는 길을 검색하며 지하철 역 안으로 들어서던 나는 순간 코를 찌르는 지린내 때문에 그 자리에 우뚝 멈춰 서고야 말았다.

정말 거짓말 하나 안 보태고, 만약 눈을 가린 상태로 들어왔다면 분명 내가 남자 화장실에 들어왔다고 생각했을 것이다. 남자 화장실에서나 날 법한 특유의 지린내. 아마 뉴욕에 갔다 와 본 사람은 모두가 공감할 거라고 생각한다.

미국은 선진국 아니야? 게다가 여긴 뉴욕이잖아. 모든 사람들이 한 번쯤 꿈꾼다는 뉴욕!

여기가 뉴욕이라고?

제자리에 멈춰서 지하철역을 둘러보니, 코를 찌르는 소변 냄새도 냄새지만 역 안 곳곳이 낡고 녹슬어 여기가 지하철이 운행되고 있는 곳은 맞는지 의심이 들 정도였다. 게다가 선로 위에 버려져 있는 각종 쓰레기와 오물은 저절로 눈살이 찌푸려지게 했다.

내가 그렇게 기대하고 고대하던 뉴욕의 모습은 어디에도 없었다. 오히려 그 지하철역은 뉴욕의 실상을 온전히 드러내고 있는 듯 했고, 그 지하철역이야 말로 현실에 가장 가까운 뉴욕처럼 느껴졌다. 캐리처럼 마놀로블라닉 구두를 신고 이곳을 돌아다녔다가는 하루 만에 그 비싼 구두를 다 버리겠다고 생각하고 있는데, 그 순간 지금껏 단 한 번도 한 적 없는 생각이 뇌리를 스치고 지나갔다. 〈섹스 앤 더 시티〉 시즌 1부터 시즌 6까지, 영화 시리즈 1, 2까지 그 수많은 에피소드 속에서 캐리가 지하철을 한 번이라도 탔던 적이 있었나?

난 이제껏 캐리가 지하철을 타는 장면을 한 번도 본 적이 없다. 그제야 깨달았다. 캐리는 나처럼 지하철을 타지 않는다는 것을. 그리고 그게 캐리와 나의 가장 큰 차이라는 것을. 캐리나 나나 똑같이 글을 팔아 먹고사는 글쟁이지만, 캐리가 온 몸에 두르고 걸친 것은 죄다 명품이고, 내가 두르고 걸친 것은 명품 찌꺼기도 아닌, 이름도 없는 길거리

표, 그나마 좀 더 나은 표현을 해보자면 일명 로드샵의 것이다. 캐리는 날이 좋으면 날이 좋아서, 비가 오면 비가 온다는 이유로, 날마다 분위기가 좋은 테라스에 앉아 친구들과 함께 브런치를 먹는 여유를 누리지만 나는 스타벅스 커피 한 잔을 마시려고 아침마다 잠도 덜 깬 눈으로 한 끼 도시락을 싸야 한다. 캐리는 언제든지 옐로우 캡(뉴욕 택시)을 탈 수 있지만, 나는 교통체증으로 유명한 뉴욕에서 옐로우 캡은 꿈도 꾸지 못 한다. 캐리에겐 늘 근사한 리무진을 끌고 집 앞까지 데리러 오는 빅이 있지만, 나한테는 한 달 동안 무제한으로 이용할 수 있는 지하철 카드가 든든한 리무진이다. 오랜 시간 〈섹스 앤 더 시티〉를 보며 꿈꿔왔던 뉴욕에서 난 캐리가 아니고, 캐리가 될 수도 없다는 것을 처음으로 온 몸으로 체감하는 순간이었다. 아마 〈섹스 앤 더 시티〉에서 캐리가 뉴욕의 지하철을 타는 장면이 한 번이라도 나왔다면, 그래서 이렇게 낡고 더럽고 냄새나서 발도 들여놓기 싫은 곳을 한 번이라도 보여줬다면, 뉴욕에 그렇게 큰 환상을 가지진 않았을 텐데. 그 순간, 미스터 프린스턴이 생각났다. 그리고 내가 찬양하듯 뉴욕, 뉴욕 거릴 때마다 그가 내게 했던 말도 생각났다.

"넌 뉴욕에 대한 환상이 너무 커. 뉴욕이 얼마나 더러운데. 한국처럼 살기 좋은 곳 없어. 나는 한국에 가끔 들어갔다가 뉴욕에 다시 오면 지하철이나 화장실에서 나는 특유의 냄새를 맡고 뉴욕에 온 걸 실감

해. 정말 한국 지하철 안에서는 누워서 잠도 잘 수 있을 것 같아."

그가 왜 그 말을 했는지 이제야 이해가 될 것 같았다.

한국 지하철에서 잠도 잘 수 있겠다는 그의 말에 더 보태서 나는 한국 지하철에서 밥도 먹을 수 있을 것 같았다. 한국의 깨끗하고 안전한 지하철에 익숙해져 있던 나는 심지어 스크린 도어도 없이 뻥 뚫려있는 뉴욕의 지하철이 정말 무서웠다. 누군가가 나를 선로로 밀어버릴 것만 같아서 일부러 정차하는 곳에서 조금 떨어져 서 있었다.

누군가가 그랬다. 사람 심리가 옆으로 서 있는 사람은 안 밀고 싶다고. 그럼 옆으로 서 있어야 하나? 이리 저리 자세를 바꿔보던 그때, 내 시야로 무언가가 확 들어왔다. 나는 그 짧은 순간 내가 잘 못 봤기를 바랐다. 각종 쓰레기와 오물이 마치 행위 예술처럼 지하철 선로 위를 장식하고 있는 그곳에는 바쁘게 움직이고 있는 무언가가 있었고, 내 바람과는 달리 이미 내 눈동자는 움직이는 무언가를 확인하고자 그것을 빠르게 쫓아가고 있었다. 제발. 제발. 그냥 솜뭉치이길. 내가 생각하는 그것이 제발 아니……!

"꺄! 엄마야!"

28년 인생 처음으로 살아서 돌아다니고 있는 쥐를 보자마자 '아임

파인 땡큐 앤쥬?'보다도 더 빛의 속도만큼이나 빠르게 소리가 튀어나왔고, 그 소리는 뉴욕의 어느 낡은 지하철 역 안을 쩌렁쩌렁하게 울리고 있었다. 내 소리에 더 놀란 사람들이 일제히 날 쳐다봤고, 내 시선을 그대로 따라가 선로 위에서 바쁘게 사라지는 쥐를 보고 나서는 다시 날 보며 피식피식 웃어대기 시작했다. 아무렇지 않은 사람들의 반응에 더 놀란 나를 더욱 경악케 한건 내 옆에 서 있던 흑인의 말이었다.

"Congratulation. Welcome to New York!"

What? What the hell! 지금 장난해? 아니 이봐 친구. 웰컴 해주는 건 고마운데 나는 쥐라는 걸 어렸을 때 '서울 쥐 시골 쥐' 그림책에서나 봤다고. 내가 지금 뉴욕에 〈톰과 제리〉 찍으러 온 줄 아니? 나 〈섹스 앤 더 시티〉 찍으러 온 여자거든? 아직 미스터 프린스턴은 만나지도 못 했는데 이렇게 낡고 후진 지하철역에, 지독한 냄새에, 여기저기 널브러져 있는 각종 오물에, 마지막 피날레는 쥐야? 이게 뉴욕에 오기만을 학수고대했던 내게 하는 뉴욕의 첫 인사야?

정말이지 내가 생각한 뉴욕과 전혀 다른 모습에 나는 일말의 배신감까지 느끼고 있었다. 그러거나 말거나 그건 어디까지나 내 사정이라는 듯, 사람들은 곧이어 도착한 지하철에 서둘러 오르기 시작했고, 나도 그 틈에 끼어 여전히 충격에서 헤어 나오지 못한 채 지하철 안으로 몸을 옮길 수밖에 없었다.

"끼이이이이익!"

날 반기는 뉴욕의 인사는 쥐에서 끝나지 않았다.

내가 탄 7트레인은 요란한 굉음을 내며 맨해은으로 향했고, 굉음이 길어질 때마다 정말 이러다 이 지하철이 중간에 끊어지지는 않을까, 선로를 이탈하진 않을까, 마치 놀이공원에서 놀이기구를 타듯 마음을 졸이며 타임스스퀘어까지 긴장의 끈을 놓을 수 없었다.

My name is Summer!

나는 어느샌가 센치해져 있었다.

손꼽아 기대하던 드레스를 처음 본 순간, 뭔가 기대와는 다른 느낌이 들었을 때. 디자인도 내가 원하던 디자인이고, 컬러도 내가 선택한 컬러인 것은 틀림없는데 군데군데 실밥도 뜯어져 있고, 장식도 떨어져 있는, 그래서 내가 생각하고 기대하던 그 드레스가 아닌 기분.

기대가 너무 크면 실망이 크다고 하던데 지금 내가 딱 그 기분인가 싶었고, 구경보다는 기분 전환이 우선이란 생각에 좋아하는 커피를 한 잔 마시고 싶어 타임스스퀘어에 도착하자마자 근처 스타벅스로 향했다.

'뭘 마시지?'

평소 아메리카노만 마시던 나는 뉴욕에 와서 처음 들어온 스타벅
스이기도 하고, 센치해진 기분을 끌어올리고 싶어 아메리카노가 아닌
다른 커피를 찾고 있었다. 메뉴판을 보며 무슨 커피를 마실까 고민하
고 있는데 한국 스타벅스에서는 보지 못한 생소한 광경이 눈에 들어
왔다.

"제니!"

"리!"

"리사!"

"마이클!"

주문한 커피가 나오면 직원이 손님의 이름을 불러 알려주고 있었다.

"몇 번 고객님, 주문하신 아메리카노 한 잔 나왔습니다"에 익숙해 있던 내게는 신기하면서도 재미있는 그림이었다. 그럼 나는 '킴'이라고 해야 하나?

"킴!"

그 순간 '킴'이라는 이름이 매장 안에 울려 퍼졌고, 동양인으로 보이는 여자가 커피를 가지러 가고 있었다. 그 모습을 보니 동양인치고 '킴'이라는 이름을 안 쓰는 사람이 없을 것 같았다. 앞으로 뉴욕에 있는 동안 적어도 하루에 한 번은 스타벅스를 갈 텐데, 그때마다 그 매장 안에 '킴'이라는 이름을 가진 사람이 몇 명이나 있을까? 그런 생각이 들자 '킴'은 더 이상 내게 어울리는 이름이 아니었고, 나는 내게 어울리는 나만의 이름을 갖고 싶었다.

"Hi! Can I get americano please?"

"Sure! What's your name?"

"Summer! My name is Summer!"

"Summer? Your name is so nice! I like it!"

"Really? Thank you!"

난 늘 마시던 아메리카노를 주문했고, 이름을 묻는 점원에게 섬머라고 말했다.

왜 섬머냐고? 특별한 이유는 없다. 다만 내가 사계절 중 가장 좋아하는 계절이 여름이고, 여름은 나와 가장 잘 어울리는 계절이기 때문에 'Summer'라는 단어를 골랐다.

난 여름이 주는 강렬함이 좋다. 그리고 난 그만큼 So Hot한 여자다.

"I'm Spring!"

"I'm Fall!"

내 이름을 듣고 옆에 있던 다른 직원들이 나를 보며 장난을 쳤고, 나역시 질세라 그 장난에 맞받아쳤다.

"Okay. So Where is Winter? I miss him."

그곳에 있던 직원들은 나의 조크에 누가 먼저랄 것 없이 빵 터졌고, 좀 전까지 센치해있던 내 기분 역시 언제 그랬냐는 듯 말끔하게 개운해졌다. 한 시간 정도 그곳에서 커피를 마시며 뉴욕 사람들을 멍하니지켜보고 있으니, 예전에 미스터 프린스턴이 내게 한 말이 생각났다.

"언젠가는 한국에 들어가서 살겠지만, 막상 한국에 갈 생각을 하면 답답해. 한국 사람들은 옷을 좋아하면 꼭 디자이너가 되어야 한다고 생각해. 그게 성공한 삶이라고. 그리고 타이트하게 살아가지. 하지만 여긴 아냐. 옷이 좋으면 옷 가게에서 아르바이트를 해. 그렇다고 그게 실패한 삶이라고 전혀 생각하지 않아."

한 시간 가량의 스타벅스 안 풍경은 내게 많은 것을 느끼게 했다. 굳은 표정 없이 얼굴에 미소가 가득한 직원들, 그리고 일하는 내내 손님과 가벼운 농담을 주고받는 여유로움, 손님 역시 그들의 농담에 웃어주며 응하는 모습. 그들의 삶에는 유머와 여유가 있었다. 뉴욕 사람들은 빠듯한 삶 속에서도 그들이 행복하려면 잃지 말아야 될 최소한의 것을 알고 있었다. 적어도 그들은 자신이 상상해온 뉴욕이 아니라고 해서 나처럼 실망하고, 자신의 소중한 하루를 망치지는 결코 않을 것이다.

이봐! 캐리 코스프레녀! 네가 상상하던 뉴욕이 좀 아니면 어때? 이렇게 상상하지 못한 뉴욕의 다른 모습이 널 즐겁게 하고 있잖아?

하나를 잃으면 하나를 얻는 법. 난 어쩌면 우연히 들어간 스타벅스 안에서 인생을 배우고 나왔는지도 모른다. 그리고 나이가 들면 들수록 좋은 점 하나. 내게 어울리는 것이 무엇인지 알아 간다는 것. 내게 어울리는 화장법이 무엇인지, 어떤 스타일의 옷이 어울리는지, 내가 어떻게 행동했을 때 이성에게 매력적으로 보이는지.

나를 알아가는 것만큼 멋진 일이 또 있을까?

맞춤 정장을 입은 듯 내게 꼭 어울리는 섬머라는 이름은 뉴욕에 있는 내내 많은 사랑을 받았다. 그리고 이 이름은 앞으로도 쭉 내 이름이 될 것이다.

"Where is winter? I miss him"은 진짜 신의 한 수였다.

나 미국식 조크도 되는 여자인가 봐!

그럼 이제 타임스스퀘어로 신나게 나가볼까?

III. 우리는 만날 수 있을까요?

홍대 앞에 눈이 내리면

"다음은 윤건의 〈홍대 앞에 눈이 내리면〉. 내가 스무 살 때 타임스스
퀘어에서 무한 반복해서 들었던 노래야. 준비 됐어? 5, 4, 3,"

"어우 잠깐만……!"

"준비 됐어?"

"준비 됐어."

"시작!"

우린 자주는 아니지만 가끔씩 함께 음악을 들었다. 미국에 살고 있는 남자와 한국에 살고 있는 여자가 함께 음악을 들을 수 있는 방법은 생각보다 어렵지 않다.

통화를 하면서 각자 핸드폰에서 노래를 동시에 재생한다. 음악이 끝날 때까지 서로 아무런 말을 하지 않는 게 규칙 없는 우리들만의 절대 규칙. 그렇게 음악을 함께 들을 때면 마치 아주아주 긴 이어폰이 있어서 한쪽은 미국에 있는 그의 귀에, 한쪽은 한국에 있는 나의 귀에 꽂혀 있는 것만 같았다.

자주는 아니었지만, 그와 함께 음악을 듣는 그 시간이 난 참 좋았다.

지금 나는 타임스스퀘어의 핫 플레이스인 레드체어에 앉아 있다. 핸드폰에서는 벌써 몇 번째인지도 모를 〈홍대 앞에 눈이 내리면〉이 재생되고 있다.

마치 스무 살의 그처럼. 그는 타임스스퀘어 어딘가에 앉아 이 음악을 들으며 대체 무슨 생각을 했을까? 사람이 많고 시끄러운 곳은 질색이니 아마 레드체어에는 앉지 않았겠지?

왜 미스터 프린스턴에게 연락하지 않느냐고?

그렇게 보고 싶던 그를 찾아 온 뉴욕에 도착하자마자 제일 먼저 연락하지 않고 왜 혼자 이 청승을 떨고 있느냐고 묻는다면 이유는 두 가

레드체어에서 바라보는 타임스스퀘어.
저 곳에 앉아서 타임스스퀘어를 바라보고 있노라면 광고 전광판에서 쏟아지는
조명 때문에 눈이 다 아플 지경이다. 저 화려한 곳에서 나는 전기세가
얼마일까를 생각하며 전력소모를 걱정하고 있었다. 어지간히 외로웠나보다.

지.

하나는 그를 만나기 전, 그에 대해 조금 더 알고 싶었다. 한국에서 28년을 살아온 여자는 절대 알 수 없는, 미국에서 10년 가까이 산 남자의 삶. 과연 그는 어떤 환경 속에서 학창 시절을 보내고, 어떤 문화 속에서 20대를 보냈던 걸까? 그는 나와 얼마나 다른 가치관을 가지고 살아왔을까? 내가 광주에서 서울로 올라 온 나이는 스무 살.

교복을 막 벗고 스무 살에 부모님과 친구들의 곁을 떠나 혼자 살아온 지 이제 8년째. 지금은 적응이 되었지만 아직도 가끔씩 스멀스멀 올라오는 외로움은 스무 살 때는 이루 말할 수도 없었다.

고작 가족과 친구들과 네 시간 떨어진 곳에서 사는 나도 그런데 미스터 프린스턴이 가족과 친구들과 떨어져 온 시간은 무려 열네 시간, 거리로는 약 11000킬로미터. 그리고 그때 그의 나이는 스무 살이던 나보다 조금 더 어린 나이. 그는 이곳에서 어떻게 살아왔을까? 그를 만나기 전에 아주 조금이나마 알아보고 싶었다. 결국은 그와 공감대를 형성하고, 그를 좀 더 이해하고 싶었는지도 모른다.

"그렇게 좋으면 왜 걔한테 한국으로 당장 들어오라고 안 해? 언제까지 이렇게 연애하냐? 솔직히 이게 연애야? 걔도 너 많이 좋아한다며. 그럼 당장 한국에 들어오라고 해. 그리고 막말로 걔가 너 정말 좋아하잖아? 그럼 한국에 네가 들어오지 말래도 진작 들어왔을걸? 정신 좀 차려."

서로 연락한 지 얼마 안 됐을 때, 시차 따윈 없을 정도로 푹 빠져 있던 때에 한편으론 이런 연애가 나조차 납득이 안 돼 친구들에게 상담할 때면 친구들은 이렇게 말했다. 그에게 왜 한국으로 당장 들어오라고 하지 않느냐고. 그가 진심으로 날 좋아하고 생각한다면 아마 한국에 진작 들어 왔을 거라고. 그러니 정신 차리라고.

글쎄, 난 잘 모르겠다. 한국으로 언제 들어올 계획이냐는 질문은 한 적 있지만 지금 당장 들어와 달라, 진심으로 날 좋아하고 생각한다면 지금 당장 들어와야 하는 거 아니냐라는 말은 단 한 번도 하지 않았다. 아니, 하지 못했다.

서로가 좋아한다고 해서 그가 지금까지 가족들과 친구들과 떨어져 살아온 10년의 생활을 정리하고 당장 한국으로 들어오라는 말을 할 수는 없었다.

그건 죽고 못 살 정도로 사귀다가 도중에 유학을 간 상황이라고 해도 쉽게 입 밖으로 꺼내기 어려운 말이다. 그 사람의 인생이 달린 문제니까. 난 그의 삶을 존중해주고 싶었다.

이렇게 난 참 쓸데없이 오지랖이 넓다. 그냥 한창 서로가 뜨거웠을 때 한국에 당장 들어오라고 할 걸 그랬다. 그러지 않으면 시작 따위도 안 하겠다고. 그럴 걸 그랬다. 1년 반 넘게 이게 무슨 감정 노동이고 시간 낭비냐 이 말이다.

그렇게 내가 존중해주고 싶던 그의 삶을 아주 잠깐이나마 겪어보고 싶어 아직 그에게 연락을 하지 않았다고 하면 모두 내게 웃기는 소리 하지 말라고 하겠지만 이미 나와 그의 관계 속에는 남들은 이해하지 못하는 것이 너무나 많고, 따지고 보면 난 한국에서 뉴욕까지 얼굴 한 번 안 본 남자를 보려고 날아온 내 행동이 세상에서 제일 웃기다.

그리고 이유 둘. 분명 두 달 전, 그에게 말했다. 10월에 뉴욕에 갈 거라고. 그가 내 말을 기억하고 있다면, 연락을 하지 않은 두 달 동안 한 번이라도 날 생각하고, 잠시라도 그리워했다면, 분명 내가 지금 뉴욕에 왔다는 걸 그도 알고 있을 것이다. 난 그에게서 먼저 연락이 오기를 뉴욕에 도착한 첫 날, 아니 뉴욕에 오기 훨씬 전부터 기다리고 있었다.

뉴욕에 처음 여행 온 사람이 제일 먼저 찾아간다는 관광명소인 타임스스퀘어는 그야말로 별천지다. 네온사인으로 둘러싸인 대형 광고판에서 쏟아져 나오는 휘황찬란한 조명 아래 있으면 그제야 뉴욕에 온 것이 실감난다. 그 조명 아래에서는 각국에서 온 여행객이 저마다 셀카봉을 들고 사진을 찍느라 바쁘다. 가족, 연인, 친구. 모두 삼삼오오 즐겁다. 그들의 모습을 얼마나 바라보고 있었을까? 레드체어에 혼자 우두커니 앉아 있는 사람은 나뿐. 이렇게 시끄러운데 들리는 소리는 죄다 알아먹지도 못할 외계어. 사방이 높은 빌딩으로 숲을 이루고, 그 빌딩들에서 새어나오는 불빛이 거리의 별빛이 되는 세상. 화려하기로 둘째가라면 서러울 뉴욕에서 난 처참하게 외로워지고 있었다.

"넌 대체 뉴욕이 뭐가 좋아? 아직도 지하철 타면 옐로우 몽키라면서 내 옆에 앉지 않는 백인도 있어. 여기서 몇십 년을 산다 해도 넌 그냥 이방인일 뿐이야."

미스터 프린스턴은 늘 한국이 최고라며 뉴욕에 하루 빨리 가고 싶어 하는 내게 핀잔을 줬었고, 그때마다 나는 나를 이해하지 못하는 그가 야속했다. 그런데 지금 이 순간 그가 내게 했던 말 중 '이방인'이란 단어가 생각나는 건 왜일까? 나는 살면서 이방인이란 느낌을 받아본 적이 있었나? 만약 있다면 지금이 아닐까?

스무 살의 넌 이곳 어딘가에 앉아 대체 무슨 생각을 했던 거니?

그리고 왜 하필 이 노래를 무한반복해서 들었던 거니?

어느새 핸드폰의 배터리가 다 닳았고, 머지않아 전원이 꺼졌다.

Lucky Girl의 시작!

"언니! 오늘 별 다른 스케줄 없으면 저랑 같이 로터리 안 할래요?"

"나 안 그래도 그거 해보고 싶었어!"

"그런데 언니 너무 기대하진 말아요. 저 벌써 다섯 번째 시도하는 거예요. 이번에도 안 되면 그냥 그 공연 안 보려고요."

내 룸메는 오늘로써 〈알라딘〉 로터리를 다섯 번째 시도하는 거라고 했다. 뉴욕 여행 오기 전에 뮤지컬을 저렴하게 볼 수 있는 방법을 알아보았다. 그중 하나인 로터리는 복권 추첨과 비슷한데, 공연 시작 세 시간 전에 극장에 가서 나눠주는 종이에 이름과 전화번호, 사는 곳을 적고 로터리 통 안에 넣은 후 추첨을 기다리기만 하면 끝이다. 추첨시간이 되면 극장 스텝이 로터리 통 안에 있는 네임카드를 무작위로 뽑아 당첨자를 호명하는데, 한 명이 당첨되면 두 명까지 무료로 관람할 수 있기 때문에 보통 동행인 친구까지 두 명이 응모한다. 대신 꼭 당첨자가 호명된 이름과 동일한 신분증을 보여주고 티켓을 수령해야 한다.

"언니, 저는 이제 곧 한국으로 돌아가니까 오늘 알라딘이 안 되면 다른 공연이라도 봐야겠어요!"

"그래? 그럼 이건 어때?"

내 룸메이트는 일주일 후면 한국으로 돌아가야 했고, 한국으로 가기 전에 뮤지컬을 한 편이라도 더 보고 가고 싶다고 했다. 그런데 제값을 고스란히 주고 보기엔 그간의 경비 지출 탓에 다소 무리가 있다는 거다. 그래서 내가 낸 묘책은 일명 '하나만 얻어 걸려라!'

〈알라딘〉은 인기 공연 랭킹 10위 안에 당당히 자리하고 있는 공연이지만 사실 내 취향은 아니었고, 보고 싶던 공연도 아니었다. 뉴욕에 와서 첫 로터리를 시도한다는 것에 의의를 뒀을 뿐. 그래서 내가 보고 싶은 공연에도 로터리를 응모하고, 〈알라딘〉에도 로터리를 응모해 둘 중 하나라도 얻어걸리는 걸 보자는 거다. 물론 두 공연 모두 추첨이 안 될 수도 있지만 경우의 수를 늘리자는 거지. 로터리에 응모하고 나서는 꼭 추첨하는 시간에 응모자가 자리에 있어야 하기 때문에 우리는 각자 개인플레이를 펼치기로 했다.

내가 보고 싶던 공연은 〈위키드〉. 한국에서도 벌써 공연된 뮤지컬로 〈오즈의 마법사〉를 다른 시각에서 해석한 또 다른 이야기다. 이미 브로드웨이에서는 너무나도 핫한 뮤지컬 중 하나였고 인기 뮤지컬인 만큼 로터리에 당첨되기는 쉽지 않겠지만, 난 〈위키드〉 만큼은 로터리에 설령 떨어진다 해도 나중에 제 값을 다 주고 좋은 자리에서 관람할 의사가 있었기에 당첨이 되면 땡큐인 거고 되지 않아도 그만이었다. 사실 이런 건 너무 기대하면 안 되고 마음을 어느 정도 비우고 있어야 한다. 벌써 다섯 번째 시도한다는 룸메이트는 〈위키드〉 극장에, 〈알라딘〉 극장에는 내가 남기로 했다.

"추첨 시작했니?"

"네 언니. 이제 시작해요! 언니 당첨되면 바로 말해요. 그쪽으로 바로 갈 테니까."

"알겠어. 너도 당첨되면 바로 연락 줘! 그런데 우리 만약에 두 개 다 되면 어떡하지?"

"언니, 저 알라딘 다섯 번째라니까요. 그 정도로 되기 힘들어요. 너무 기대하지 말아요. 저는 기대를 버렸어요."

"다시 주워. 넌 오늘 알라딘을 보게 될 거야. 난 럭키걸이거든. 다시 연락하자!"

"Mike! from California!"

"Here!"

"Sally! from Canada!"

"Wow! Thank you!"

추첨이 시작되고 총 스무 명의 당첨 인원 중 어느새 열 명 정도가 호명되었다. 내가 너무 쉽게 생각했나? 내 룸메가 괜히 다섯 번이나 시도한 게 아니었나보네.

럭키걸은 개뿔. 자신 있게 말해놨는데 내 돈 주고 티켓을 사서 당첨됐다고 뻥이라도 쳐야 하나 진지하게 고민 하고 있는 순간이었다.

어느새 마지막 당첨자를 호명할 순서가 됐다. 사람들은 모두 자신이 그 마지막 행운의 대상이길 바라며 끝까지 희망의 끈을 놓지 않고 있었지만, 초반의 내 자신감은 이미 안드로메다로 날아간 지 오래였다. 그런데 그 순간!

"From Korea! Yeon Ji Kim!"
"오 마이 갓! 꺄! It's me! Here!"

행운의 여신은 날 버리지 않았고, 내 이름이 피날레를 장식했다. 난 내 이름이 호명 되자마자 지하철역에서 쥐를 봤을 때보다 더 크게 소리를 지르고 제자리에서 방방 뛰고 난리도 아니었다. 마치 백수가 바라던 직장에 취직이라도 한 것처럼 기뻐하는 내 모습에 어느새 주위 사람들은 모두 박수를 쳐주며 축하해주고 있었다.

"나 됐어! 너 알라딘 볼 수 있어!"

뮤지컬 〈알라딘〉 로터리 성공 기념으로 받은 배지 인증샷.
나에게 〈알라딘〉은 롯데월드 퍼레이드 쇼 같았다.
꼭 아이들과 함께 보시길!

"진짜요? 언니 진짜 대박! 위키드는 안 됐어요."

"위키드고 뭐고 내가 오늘 너 알라딘 볼 수 있을 거라고 했지?"

"언니 진짜 럭키걸인가봐요. 어떻게 내가 다섯 번 시도한 걸 언니는
한 번에 돼요?"

"난 럭키걸이니까!"

난 뉴욕 여행 내내 행운이 따르는 럭키걸이었고, 그 날은 럭키걸의

뮤지컬 〈북 오브 몰몬〉을 보기 위해 로터리 중인 사람들.
보고 싶은 공연이었지만, 아쉽게도 당첨되지 못했다.

첫 축포를 터트리는 날이었다. 티켓박스로 가서 저렴한 가격으로 할
인된 티켓을 사고 로터리에 당첨된 사람에게만 주어지는 배지를 받았
다. 룸메는 그 배지를 받자 기다리고 기다리던 크리스마스 선물이라
도 받은 아이처럼 환하게 웃었고, 드디어 〈알라딘〉을 볼 수 있다는 기
쁨에 흠뻑 젖었다. 로터리로 산 티켓이니 좋은 좌석까진 기대도 안 했
는데 1층에 있는 생각보다 꽤 좋은 좌석이었다. 게다가 그날의 난 뭘
해도 운이 따르는 날이었나 보다.

　주위를 둘러봐도 모든 객석이 꽉꽉 들어차 있는데 내 앞 좌석만 공

연이 시작돼도 아무도 앉지 않는 것이다. 그렇게 시원하게 뻥 뚫린 시야 덕에 난 편하게 눈 뜬 장님이 될 수 있었다. 무슨 말이냐고? 어쩌면 이렇게 하나도 안 들릴 수가 있는지. 음향시설의 문제가 아니었다.

사운드는 빵빵했고, 무대 연출, 배우들의 연기, 관객의 호응까지 모든 것이 완벽한 그곳에서 유일하게 완벽하지 않은 것은 나의 영어실력 뿐이었다.

난 처음 시도한 로터리에 운 좋게 성공한 것도 모자라, 앞좌석에 아무도 앉지 않은 행운의 자리에 앉아놓고 눈 뜬 장님으로 뮤지컬을 관람했으며, 그 후로도 뮤지컬 연출 전공인 내가 언어의 장벽을 뛰어넘지 못 해 뉴욕 여행 중 뮤지컬을 채 다섯 편도 보지 않았다는 슬픈 소식이 아직까지 들린다는……

아는 만큼 보이고 들린다는 건 결코 예삿말이 아니었다.

그날의 난 공연장에서 유체이탈을 경험했는지도 모른다.

육신은 좌석에, 영혼은 저 먼 어딘가에.

대체 누가 쉑쉑버거라고 한 거니?

"쉑쉑버거. Very Very famous."

"Sorry?"

보통 내 후진 발음 때문에 한 번 말해서는 못 알아듣는다는 걸 안 이후부턴 나도 양심상 두 번 정도는 다시 말할 생각을 하고 있다.

그런데 와, 이건 맨해은 2탄이다.

뉴욕에서 정말 유명한 쉑쉑버거를 왜 못 알아듣느냐고.

"Sorry, I don' know."

"No, you know!"

나는 '쉑쉑버거'를 모르겠다는 영화 〈나 홀로 집에〉의 캐빈 엄마를 닮은 여자에게 '아니! 넌 알아!'라고 말하고 있었다.

정말 마지막이라는 듯, "쉑쉑 햄버거! 쉑쉑!"이라고 구슬피 외치고 나서야 "Oh! Shake Shack! Not Shake Shake"이라는 여자의 대답을 들을 수 있었다.

그리고 내가 있는 타임스스퀘어 레드체어에서 그리 멀리 떨어지지 않은 곳인 8번가 44스트리트에 있는 '쉑쉑버거'의 휘황찬란한 간판을 보고서야 나는 왜 여자가 내 개떡 같은 발음을 찰떡같이 못 알아들었는지 알 수 있었다.

'Shake Shake'가 아니라 'Shake Shack'. 그러니까 정확하게는 '셰이크 색'이었던 것이다.

대체 누가 '쉑쉑버거'라고 한 거니?

'셰이크 색' 버거는 명성답게 줄이 정말 길었다.

나는 한국에 있을 때, 아무리 맛있는 집이라고 해도 줄 서서 기다려 먹어 본 적이 없는 사람이다. 애당초 맛집 이런 거에 별 관심이 없다. 그런 내가 그 긴 줄을 서서 기다렸으니, 여행지라는 곳은 정말 나도 모르는 나를 발견하게 하나보다.

"Hi! Can I get⋯⋯ this one?"

나는 또 나의 후진 발음 때문에 이 긴 줄에서 두 번, 세 번 반복해야 하는 민폐를 범하지 않으려고 아예 메뉴판에서 원하는 메뉴를 가리켰고, 어떤 음료를 주문하겠냐는 질문에 자신 있게 밀크셰이크를 외쳤다.

뉴욕에 오기 일주일 전쯤 L.A를 거쳐 뉴욕까지 약 한 달여를 여행하고 온 친구를 만났다. 그녀는 말했다. "뉴욕에 가면 꼭 쉑쉑버거를 먹어! 나는 뉴욕 여행 마지막 날 쉑쉑버거를 먹었는데 진짜 후회했어. 왜 그동안에 진작 먹지 않았을까 하고. 그리고 쉑쉑 버거엔 무조건 밀크셰이크야."

햄버거에 밀크셰이크라. 난 그 이상한 콜라보에 의심을 가졌지만 이미 많은 뉴욕 여행 블로거 사이에서도 '쉑쉑버거와 밀크셰이크' 메뉴가 추천되고 있는 것을 보고는 도전을 외쳤다. 주문은 했지만 먹을 자리가 없이 꽉꽉 차 있던 '셰이크 색' 가게 안을 둘러보니 유학생으로 보이는 한국인이며, 여행객으로 보이는 한국인들까지 꽤 많은 한국인이 있었다. 뉴욕에 있는 동안 느낀 거지만, 한국은 진짜 부자 나라임에 틀림없다. 뉴욕 어딜 가나 한국인은 무조건 있고, 그들의 손에는 하루종일 쇼핑만 했는지 늘 쇼핑백이 바리바리 들려 있다. 가게 안의 많은 한국인 사이에서도 유학생 커플이 내 시선을 사로잡았다. 서로 먹여주고 입을 닦아주는 달달한 모습이 앞으로 5분 뒤에 테이블에 앉지도 못한 채 서서 혼자 햄버거를 먹어야 할 내 모습을 더 초라하게 했다. '저것들이 하라는 공부는 안 하고.' 마치 노처녀가 히스테리를 부리듯 잔뜩 히스테릭해지고 있을 때쯤 주문한 메뉴가 나왔다.

비주얼은 그다지 특별하지 않았다. 우리가 늘 볼 수 있는 수제 버거 비주얼을 한 '셰이크 색' 버거는 내 입맛엔 솔직히 그저 그랬다. 그 탓에는 뻑뻑한 밀크셰이크가 한 몫 했다. 진심 이 조합은 노 추천이다. 밀크셰이크가 맛있는 건 인정한다. 굉장히 진한 밀크셰이크 맛을 느낄 수 있다. 그러나 꼭 밀크셰이크 따로, 콜라 따로 시키길 바란다. 햄버거 한 입 먹고 밀크셰이크 한 입 먹다가 뻑뻑해서 죽는 줄 알았다. 닭 가슴살도 이렇게 뻑뻑하진 않을 것 같다. 오리지널 한국인 입맛인 내게 '셰이크 색' 버거와 밀크셰이크 콜라보는 그날부로 '셰이크 색'을 가지 않게 만들었다.

p.s. 나처럼 '셰이크 색'이 입에 맞지 않는 사람에게는 '파이브 가이

스^{Five guys}' 버거를 추천한다. '셰이크 색'보다 덜 건강한 느낌의 '파이브 가이스'는 조금 더 자극적인 맛이다. 감자튀김은 소금에 하루 동안 절여놓은 것은 아닌지, 핫도그에 설탕 묻히듯 소금을 묻혀서 파는 것은 아닌지 의심이 들만큼 짠 맛이 일품(?)이지만, 실제로 '셰이크 색' 버거가 맛없는 사람은 '파이브 가이스'를 좋아하고 '파이브 가이스' 버거가 맛없다는 사람은 '셰이크 색' 버거를 좋아한다는 말이 있다고 하니, 두 가지 다 먹어보시길! 타임스스퀘어엔 '셰이크 색'과 '파이브 가이스' 두 매장 모두 있다.

미국은 술꾼이 살기 좋은 나라

"와, 아주 그냥 지상낙원이 따로 없네. 여기가 지상낙원이었네!"

이 소리는 한 여자가 80퍼센트 세일을 때리고 있는 뉴욕의 어느 쇼핑몰에 들어가서 하는 소리도 아니고, 캘빈클라인 속옷 화보에서나 봤을 법한 남자가 득실거리는 루프탑 바에 들어가 뱉는 탄성도 아니고, 미슐랭 5스타 레스토랑에서 주문한 저녁이 식탁 위를 화려하게 수놓을 때 터지는 찬사도 아니다. 나는 지금 주류판매점^{Liquor store}에 들어와있다. 세상에, 이렇게 많은 와인 종류는 본 적도 없다. 보드카며, 위스키며, 없는 게 없다. 더욱 대박인 건 한국에서 파는 술값에 비해 반 값도 하지 않는다는 것이다.

뉴욕에 있을 때 내가 하루에 한 번씩 꼭 챙겨 마신 것이 있는데, 바로 술이다. 와인이며 맥주며 샴페인이며 가리지 않고 지금이 아니면 내가 언제 이것들을 이 헐값에 먹어보겠냐 싶어 거의 매일 밤 한 병씩을 마시고 잤고, 나중에는 얼마나 채울 수 있을까 싶어 빈 통에 병뚜껑과 와인 코르크 마개를 모았는데 떠날 때 보니……. 내 룸메는 날 알콜중독자라고 생각했을지도 모른다.

"한국에서는 와인 되게 비싸게 팔잖아. 여기서 한 병에 10달러짜리 와인만 마시다가 한국 가서 와인 좀 마시려고 하면 깜짝 놀라. 여긴 술이 되게 싸. 맥주도 싸고 와인도 싸고. IPA라고 내가 좋아하는 맥주가 있는데 한국에도 있으려나? 나중에 같이 마시자."

나는 미스터 프린스턴이 나중에 무언가를 같이 하자고 하는 말이 참 좋았다. 지금 같이 하자는 것도 아니고 나중에 같이 하자는 말이 뭐가 좋냐고들 하겠지만 그가 그렇게 말할 때면 꼭 금방이라도 한국에 들어올 것만 같이 가깝게 느껴졌고, 그 말을 꼭 지킬 것만 같았다.

그의 미래에 꼭 나도 포함되어 있는 것만 같았다. 그와 처음 이별하고 간 이태원 펍에서 메뉴판에 적혀 있는 IPA를 보는데 그게 왜 그리

반갑던지. 마치 그를 발견한 기분이었다. 라거 맥주에만 익숙한 나는 한 번도 마셔본 적 없는 에일 맥주인 IPA를 한 모금 마시고 진하고 쓰디 쓴 끝 맛에 놀라 한참 동안 미간을 찡그렸다. 그날 난 입에 맞지도 않은 IPA를 연거푸 마셔대다 잔뜩 취해서 집으로 돌아갔다. 왜 그랬는지는 나도 모른다. 아마 그가 그 맥주를 좋아한다고 해서였을 거다. 그리고 그날의 여파였는지 한동안 에일 맥주에 길들여진 나는 IPA는 아니었지만 집 앞 슈퍼에서 에일 맥주를 자주 사 마시곤 했었다.

'IPA네. 아직도 좋아하려나?'

숙소 앞에 있는 마트 주류 코너에서 IPA를 발견하고는 웃음이 났다. 이태원에 가야만 먹을 수 있던 너를 여기 오니 이렇게 집 앞 마트에서 쉽게 살 수가 있구나.

나는 그날 IPA를 사서 숙소로 돌아왔고, 한동안 잊은 에일 맥주의 맛을 다시 한 번 느껴보았다. 에일 맥주는 입 안에 한 모금 넣자마자 밀려오는 진한 향과 쓰디쓴 끝 맛이 목넘김을 하고 나서도 한동안 입 안을 깊게 맴도는데, 그 풍성함이 매력이다.

'네가 왜 이 맥주를 좋아하는지 알겠다. 꼭 너 같네.'

꼭 미스터 프린스턴 같다. 미국에 있다 해도, 지금 당장 볼 수 없어도, 만질 수 없어도, 그 모든 게 상관없을 정도로 정신 못 차리게 진하게 밀려오더니 지금은 쓴맛밖에 안 남은 남자.

같이 한 게 아무것도 없어 더 슬픈 사람.

영화 〈비포선라이즈〉에 이런 대사가 나온다.

"가장 최악의 이별이 뭔 줄 알아? 추억할만한 게 전혀 없는 것."

1년 반이란 시간 속에서 추억할 만한 거라곤, 글쎄, 매일 밤 몇 시간씩 통화했던 거? 그 숱한 날 동안 통화하며 나눈 대화들? 아니면 가끔씩 함께 들었던 음악? 그리고…… 진짜 없네……. 우린 참 한 게 없다. 지금보다 더 많은 시간이 흐르면, 아마 지금 추억이라는 이름으로 생각나는 것들조차 하나도 기억이 나지 않겠지? 오직 하나 기억나는 거라곤 내가 그를 참 많이 좋아했다는 것, 그리고 그 시절의 날 추억할 거다. 사랑에 눈이 멀어 비행기 타고 사랑 찾아 삼만리 한, 이십대의 열정적인 나.

너랑 한 게 아무것도 없어서, 그래서 우린 추억이 하나도 없으니까 그 추억을 이곳에서 처음 만든다면 얼마나 근사할까? 먼저 뉴욕의 어딘가에서 널 처음 만날 거야. 약속한 장소에 내가 먼저 가 있든, 네가 먼저 와 있든 그곳은 사람들이 꽤 많이 지나치는 곳이어야 할 거야. 왜냐면, 난 너를 수많은 사람들 속에서 한눈에 알아보고 싶거든. 난 너를 단박에 찾아 낼 거고 멀리서부터 웃으며 걸어갈 거야. 그렇게 네 앞에 처음 서면, 1년 반이나 연락하고 지냈지만 입에서 나올 첫 마디는 "너구나"일거야. 늘 상상했거든. 널 처음 만나면 내 입에서 과연 무슨 말이 제일 먼저 튀어나올까? 그런데 그 상상 속에서 내 첫마디는 "안녕"도 아니고, "반가워"도 아니고, 늘 "너구나"였어. 그렇게 어색하면서도 반가운 첫 인사를 끝내면 널 만난다는 생각에 전날부터 아무것도 못 먹었을 테니까 꽤 괜찮은 레스토랑에 가서 같이 밥 좀 먹자. 그리고 한여름날에도 뜨거운 아메리카노만 마신다는 너와 함께 나도 아메리카노를 마실 거야. 스타벅스에 가면 섬머라는 내 이름으로 주문하겠어. 너에게 내 이름이 예쁘다고 칭찬해주는 스타벅스 직원들을 보여주고 싶거든. 그리고 하루 종일 걸어도 좋으니 브루클린 브릿지도 걷고 야경도 보자! 그리고 또 센트럴파크도 너랑 같이 가고 싶어. 나 너랑 영화도 되게 보고 싶었는데……. 하긴 여기 와서 뮤지컬 보다가도 졸았는데, 영화는 패스하자. 그리고 또, 맞다. 나 엠파이어스테이트 빌딩도 진짜 가보고 싶었어. 뉴욕 야경이 보이는 루프탑 바에 가서 꼭 너랑 술도 마셔보고 싶고, 그리고 너희 학교도 정말 가보고 싶은데! 너가 구경 시켜주면 되겠네! 툭하면 촌년, 촌년 놀리더니 어디 그 대단한 아이비리그 대학 한번 구경이나 해보자. 학교 캠퍼스에서 꼭 음악을 같이 듣고 싶어. 이번엔 각자의 핸드폰에서가 아니라, 하나의 핸드폰에서 이어폰을 하나씩 나눠 끼고 듣는 거야. 음…… 또 뭐가 있더라. 하고 싶은 거 되게 많았는데…….

   몇 잔 마시지도 않았는데 온종일 돌아다녀서인지, 아님 향과 맛이

강한 에일 맥주 때문인지 취기가 금방 올라왔고, 얼마 되지 않아 난 그와 뉴욕 곳곳을 돌아다니는 상상을 하며 그렇게 잠이 들었다.

"언니 어제 또 술 마셨어요?"

"음…… 조금."

"언니 진짜 그러다 한방에 훅 가요."

"시끄럽고, 물 좀 줘봐. 그리고 창피하니까 어디 가서 소문내지 마라. 소문나는 순간 시집은 다 갔다 다 갔어. 야, 근데 무슨 휴지가 이렇게……."

와, 설마 어제 혼자 운거야? 진짜 가지가지 한다. 술이란 게 그렇다. 기분 좋게 마셔서 기분 좋게 끝내는 게 제일 중요한데 그게 참 어렵다. 내가 제일 혐오하는 주사가 술 먹고 우는 건데. 뉴욕까지 와서 감수성이 지나치게 예민해졌나보다. 앞으로 한국에 갈 때까지 '내가 한 번만 더 술을 마시면'이라는 다짐을 하려는데 그 순간 영수증이 떡하니 보인다. 한국에선 저 가격에 이 맥주들을 절대 못 사먹는다. 아예 안 먹는 건 무리고, 앞으로 자제하는 걸로 적당히 정리하고 나는 해장 조깅을 나섰다.

젠장, 미국은 애석하게도 술꾼이 살기엔 너무 좋은 나라다.

센트럴파크는 조금 많이 큰 한강 공원

턱, 턱, 턱, 턱.

지금 내 뒤에서는 일정한 박자, 일정한 간격으로 의문의 소리가 들려오고 있다.

그리고 시골길에서나 맡을 수 있는 소똥 비스무리한 냄새도 함께 밀려오고 있다.

난 분명 뉴욕을 배경으로 하는 로맨틱 코미디 영화에 빠짐없이 등장하는 센트럴파크를 걷는 중인데 말이다!

가을이 참 멋있다는 뉴욕.

리차드 기어 주연의 〈뉴욕의 가을〉이라는 영화를 보면 센트럴파크가 그렇게 예쁘게 나올 수 없다. 괜히 사계절 중 '가을'로 타이틀을 정한 게 아니구나 싶을 정도로, 가을의 센트럴파크는 샤갈의 풍경화에서 막 튀어나온 것처럼 아름답다. 정신없고 바쁜 뉴요커들이 잠시 잠깐 모든 것을 내려놓고 여유로움을 찾는 센트럴파크는 들어가는 입구가 한두 군데가 아닐 정도로 아주 큰 공원이다. 매일 공원에 가지 않는 이상 센트럴파크를 다 둘러볼 수 없다는 말이 있을 정도로 공원 안에는 많은 명소가 있는데, 어린이를 위한 동물원과 존 레논을 기념하는 스트로베리 필즈, 영화 〈세렌디피티〉에 등장한 울면 아이스링크, 뉴요커들에게 조깅 트랙코스로 인기가 많다는 재클린 케네디 오나시스 저수지, 겨울에는 아이스링크장으로, 여름에는 수영장으로 운영되는 라스커 풀 앤 링크까지 이 모든 게 센트럴파크 안에 있다. 게다가 공원 안에서 매일같이 펼쳐지는 작은 연주회와 전시회까지. 센트럴파크 안은 꼭 또 다른 세상 같다. 늘 볼거리가 넘쳐나기 때문에 시간이 많지 않은 관광객은 주로 자전거를 렌탈하거나 마차를 이용해 구경하는데, 방금 전 그 의문의 소리와 냄새의 근원지는 투어마차를 끌고 있는 말이었다.

조금 쌀쌀한 바람이 불어 약간 춥긴 했지만 공원 안에는 잔디밭에 그대로 드러누워 책을 읽는 사람들, 그들 곁을 뛰어다니는 아이들, 가벼운 운동복 차림으로 공원을 뛰고 있는 사람들, 데이트 중인 연인들, 피크닉 나온 가족들, 그리고 나 같은 여행객까지 꽤 많은 사람이 있었고, 그들 틈에 끼어 10월의 어느 멋진 날 센트럴파크를 걷고 있는 내 로맨틱한 시간을 방해하며 지독한 냄새를 풍기는 말을 찬찬히 보고 있노라니, '저 말은 오늘 하루 얼마나 많은 사람들을 태우고, 이 큰 공원을 대체 몇 바퀴째 돌고 있는 걸까?' 하는 생각이 들었다. 턱, 턱, 턱, 턱. 한 걸음 한 걸음 떼는 말발굽 소리가 지칠 대로 지친 소리처럼 들렸고, 어디에서 말똥냄새를 맡고 날아왔는지 말을 괴롭히듯 주변을 날아다니고 있는 똥파리 역시 내가 말이라면 정말 스트레스의 이유일

것만 같았다. 그건 내 알 바 아니라는 듯 얼굴 가득 미소를 머금고 센트럴파크를 구경하고 있는 마차에 탄 관광객과 그 관광객에게 마치 센트럴파크가 자신의 정원인 양 신나서 이곳저곳을 소개하고 있는 흑인 남자를 보고 있자니 쓸데없이 부아가 치밀어 올랐다. 하마터면 마차를 멈추게 하고 "말이나 잘 보살피면서 돈을 버세요"라고 말할 뻔했지만, 총기 소지가 가능한 나라 미국에서 광주 촌년의 오지랖은 타살의 원인이 될 수도 있다. 난 말들의 안녕을 기도하며 묵묵히 발걸음을 옮겼다.

나중에 알아보니, 나만 유별난 것이 아니었다. 오랜 시간 센트럴파크의 명물이었던 투어마차가 동물 학대와 교통 체증의 원인으로 폐지된다는 설이 돌다가 2016년 1월 허가 마차 대수를 대폭 줄이고 운행시간 역시 아홉 시간으로 제한하기로 했다는 기사를 접했다. 비단 나 혼자만의 오지랖이 아닌 줄 알았으면, 내 앞에 마차를 턱 세우고 멋지게 고갯짓을 하며 마차에 타라고 하던 흑인 남자에게 한 마디 하고 올 걸 그랬다. 너무나도 당당한 그의 고갯짓에 나는 그 마차가 벤츠 컨버터블 마차라도 되는 줄 알았다.

센트럴파크에는 참 많은 아티스트들이 있다.

초상화를 그려주는 화가도 있고, 악기를 연주하는 연주자, 음악을 틀어놓고 춤을 추는 댄서도 있다. 난 몇 번이나 발걸음을 멈춰 그들의 연주를 듣고, 그들의 공연을 보았다. 센트럴파크뿐 아니라 뉴욕에는 어딜 가나 아티스트가 넘쳐난다.

남들의 시선 따위는 전혀 의식하지 않고 자신들이 하고 싶은 음악을 연주하고, 그림을 그리고, 춤을 추고 있는 그들을 보고 있노라면 마치 세상 어느 곳이나 그들의 무대인 것만 같다.

이어폰을 끼고 있다가도 공연하는 아티스트들을 만나면 난 여지없이 이어폰을 귀에서 빼고 한참동안 그들의 공연을 감상하곤 했는데, 꼭 보고나면 얼마 안 되는 돈이지만 사례를 하곤 했다.

내가 너무 기대를 한걸까? 이렇게나 볼거리가 많고 큰 센트럴파크도 조금 많이 큰 한강 공원 같기만 하고 별 감흥이 느껴지지 않았다. '그래봤자 공원이지 뭐'라는 생각과 함께 점점 시시해지고 있었다. 마찬가지로 뉴욕 오기 전에 그렇게 기대했던 타임스스퀘어도 한 바퀴 돌고나니 조금 더 거대한 사이즈의 명동을 그대로 옮겨놓은 듯 하고 재미가 없었다. 그랬다. 정확하게 말하면, 나는 뉴욕에 도착한 첫 날부터 여행을 즐기지 못 하고 있었다. 하나도 즐겁지 않았다. 그리고 얼마 가지 않아 답을 찾았다.

만약 그와 함께였다면?

'셰이크 색'에서 최악의 콜라보를 자랑한 밀크셰이크와 햄버거도 맛있게 먹었을지 모른다. 이렇게 멋있게 낙엽이 든 센트럴파크를 그와 함께 걷고 있었다면? 어쩌면 아까 불쌍하게 여긴 마차에 안 타겠다는 그를 졸라 나 역시 마차를 타고 있을지도 모른다. 말이 불쌍하고? 말이 지쳐서 걷고 있는지, 똥파리가 말 주변을 맴돌며 말에게 스트레스를 주는지 같은 것들이 과연 눈에 들어왔을까? 그 없이 혼자 뉴욕을 걷고 있는 나는 어딜 가서 뭘 보고 뭘 먹든 재미도, 맛도 없었다. 훅하고 밀려오는 외로움에 핸드폰을 꺼내 미스터 프린스턴의 비어있는 SNS 프로필 사진만 몇 번을 봤는지 모른다. 먼저 연락을 할까 말까. 썼다 지웠다, 한참을 고민했지만 나는 다시 핸드폰을 가방 속에 고이 집어넣고 무작정 걷고 또 걸었다. 머릿 속 여기저기서 팝업창처럼 제멋대로 튀어나오는 생각들이 나를 괴롭게 할 때면 빠르게 걸어도 봤다가, 이어폰으로 흘러나오는 음악의 볼륨을 높여도 봤다가, 노래를 흥얼거리기도 하다가. 그러다 발길이 멈춘 곳은 센트럴 파크에서 필수 데이트 코스라는 베데스다 분수 앞이었다. 영화 〈해리가 샐리를 만났을 때〉에 나왔던 베데스다 분수에는 물의 천사라고 불리는 조형물이 서 있다. 분수를 포함한 주변의 아름다운 풍경에 넋 놓고 바라보다 꼴에 본 것은 있어 지갑 속에서 동전 하나를 꺼냈다.

꺼낸 동전을 손에 꼭 쥐고 눈을 감고 소원을 빌었다. 그리고는 있는 힘껏 분수 안으로 투하!

지금 내 소원은 딱 하나. 소원 안 들어주면 3개월 뒤에 기필코 다시 동전을 가지러 오겠다고 각오하며 센트럴파크를 유유히 걸어 나왔다.

사진을 발로 찍었나 보다. 어쩜 이렇게 못 찍을 수 있는지.
아니면 정말 오로지 저 분수만 딱 찍고 싶었나 보다.
로맨틱한 저 곳은 꼭 애인과 함께 가야한다. 사람 초라해지는 거 한 순간이다.

첫 날의 센트럴파크는 별로였지만 그날 부로 뉴욕 여행 중 여러 번 찾은 센트럴파크는 갈 때마다 다른 느낌이었고, 갈수록 좋아진 곳이었다.

센트럴파크의 매력은 한 번 갈 때는 모른다. 갈 때마다 다른 그림이 있는 곳. 사계절의 그림이 궁금해지는 곳.

이제 봄이랑 여름이 남은 건가?

기대된다. 봄과 여름의 센트럴파크는 어떤 모습일까?

보고 싶다. 그리고 너도.

뉴요커들은 다 어디 간 거야?

주변을 둘러보면 아마 이런 친구가 분명 한 명씩은 있을 거다.

1박 2일로 놀러가도 마치 이 친구가 이번 여행을 빌미로 가출을 하는 것이 아닌지 의심이 들 정도로 많은 짐과 가방 크기를 자랑하는 친구. 그리고 '대체 뭘 그리 바리바리 싼 거니?'라는 궁금증을 못 참고 그 친구의 가방을 열었다 하면 마치 폭탄 터지듯, 또는 팝콘 기계에서 옥수수 알갱이가 팝콘이 되어 튀겨져 나오듯 옷가지가 터져 나오는 가방.

가방을 열 때는 한 명이 열었지만 다시 잠글 때는 꼭 두세 명이 들러붙어야 하는 짐 가방을 여행 갈 때마다 가지고 오는 친구가 한명씩은 있을 것이다. 그리고 그런 애들은 항상 약속 장소에 10분정도 늦게 나타나곤 한다. 그것도 저 멀리서 화려한 옷차림으로 '안녕 친구들' 하며 유유히 손을 흔들면서 걸어오곤 하는데, 그 모습을 지켜보고 있노라면 그녀가 지금 걸어오고 있는 길이 런웨이요, 레드 카펫이다. 그렇게 주변에 꼭 한 명씩 있는 친구가 바로 나다. 나는 어렸을 때부터 패션에 관심이 많았고, 뉴욕에 오기 전 내 관심사 중 하나는 뉴요커의 패션이었다.

"뉴욕 겨울은 엄청 춥다고 그러던데, 한국보다 훨씬 추워?"

"네가 뭘 상상하든 그 이상으로 추워. 눈도 많이 오고."

"그럼 뉴요커들은 겨울에 뭐 입고 뭐 신어? 한국에서 멋 부리는 여자애들처럼 미니스커트에 하이힐 그런 거 안 신어?"

"뉴요커는 무슨 뉴요커야. 뉴욕 사람들은 워낙 실용주의라 한 겨울에 그렇게 입는 애들은 진짜 어린 애들이나 그렇고, 다들 꽁꽁 싸매고 다녀. 얼마나 추운데. 네가 말하는 뉴요커는 무조건 실용주의야."

난 뉴욕에 오기 전까지는 미스터 프린스턴의 말을 이해할 수 없었다. 그럼 뉴요커 패션이라느니, 뉴요커들의 스타일리시한 일상 엿보기라느니, 패셔너블한 뉴요커들의 라이프스타일 같은 책들은 왜 있고, 패션을 말할 때 뉴요커란 단어는 왜 빠지지 않는 건데? 실용주의가 탑재된 감각 있는 패션이 또 따로 있겠지 싶었는데, 내가 생각하던 뉴요커들은 다 어디 간 거야?

아무리 길거리를 돌아다녀 봐도 패셔너블한 뉴요커, 스타일리시한 뉴요커, 시크하면서도 감각 있는 뉴요커는 눈 씻고 찾아보려야 볼 수가 없다. 맨해은에 나가도 모두가 다 동네 앞을 나온 듯 편한 복장에 편한 신발을 신고 저마다 빠른 걸음으로 제 갈 길을 가기 바쁘다. 혹시라도 길을 몰라 헤매는 탓에 가던 길을 멈춰 서 그들의 길을 막을라치면 바로 피치 높은 "익스큐즈 미"가 들려온다. 지금 이 순간에도 허벅지까지 올라오는 스웨이드 롱부츠를 신고, 짧은 팬츠에, 지퍼 장식이 디테일을 살려주고 있는 고급스러운 스웨터를 입고 있는 사람은 나뿐이다.

정말 내 입으로 말하기 뭣하지만, 나는 뉴욕에 있는 동안 거리를 나갈 때마다 하루에 한 번씩은 꼭 길거리에서 패션을 칭찬받곤 했다. 주로 그 대상은 흑인 친구들이었고, 내가 뉴욕에 있으면서 개인적으로 느낀 것은 흑인이 백인보다 훨씬 패셔너블하다는 것과, 그럴 수밖에 없는 것이 그들은 패션에 정말 관심이 많다는 것이다.

지하철을 기다리고 있는 중이었다. 이어폰을 끼고 마크 론슨^{Mark Ronson}의 〈업타운 펑크^{Uptown Funk}〉를 들으며 신나는 리듬에 고개를 까딱거리고 있는데 내 앞을 쓰윽 지나가는 중년의 흑인 여성과 눈이 마주쳤다. 날 알아보는 사람 하나 없는 뉴욕이란 생각에 개의치 않고 박자를 맞추고 있는데 방금 전 내 앞을 쓰윽 지나갔던 중년의 흑인 여성이 다시 내 앞에 섰다.

"Excuse me."

가던 길을 돌아서 왔으니 길을 물어보려나 싶어 이어폰을 빼고 "Hi"하고 인사를 하는데, 내 말이 끝나기도 전에 치고 들어오는 그녀의 격한 목소리.

"너 부츠 어디서 산거니? 완전 내 스타일이야! 너무 예뻐! 오 마이 갓!"

그녀의 리액션은 영화에서나 보던 것이었다. 벅찬 감격에 두 손으로 입을 감싸고, 하트로 가득 찬 눈망울과, 그에 어울리는 잔뜩 격양된 목소리.

그 날이 처음으로 길에서 패션을 칭찬 받은 날이라, 나는 적잖이 당황했다.

사실, 한국에서 아무리 예쁘게 옷을 입고 돌아다녀도 힐끗 쳐다보기만 하지 가던 길을 돌아와 "너 이 옷 어디서 산거니? 내 스타일이야!"라고 말을 거는 사람은 없다. 심지어 그녀는 계속해서 "난 네 스타일이 아주 마음에 들어"를 연발하며, 자꾸만 돌아보며 걸어가다 스크린 도어도 없는 지하철 선로 위로 떨어질 뻔했다. 그녀의 격한 반응에 기분이 좋은 것도 사실이지만, 이쯤 되니 이 부츠를 벗어줘야 하는 건가, 벗어달라고 저러는 건가 싶기도 했다.

그렇게 예쁘게 꾸미고 나온 것도 아니었다.

'한국에서도 늘 입고 다니는 옷이랑 부츠인데'라는 생각을 하며 주위를 돌아보니, 나 같은 차림의 20대 여자는 한 명도 없었다.

'저기 저 여자 잘 차려입었네!' 싶어 자세히 보면 전부 관광객. 그리고 그들의 절반은 한국인. 내가 상상한 캐리 같은 패셔너블한 뉴요커를 두 달 동안 뉴욕의 길거리에서 실제로 과연 몇 명이나 봤을까? 정말 손에 꼽을 정도다.

심지어 이런 말도 있다. 맨해은을 걸어 다니다 보면 길에서 투어리스트들을 대상으로 뉴욕 투어버스 티켓이나 엠파이어스테이트 전망대 티켓 등을 파는 판매원이 많은데, 이 판매원이 뉴요커와 투어리스트를 구분하는 방법 중 하나가 바로 신발과 옷차림을 보는 것이라고 한다. 편한 차림과 신발을 신고 주위에서 무슨 일이 일어나도 내 알바 아니요, 횡단보도에서 차와 차 간격이 조금이라도 있으면 무조건 무단횡단부터 하는 사람은 뉴요커고, 잔뜩 꾸미고 나와 차도든 인도든 그저 내가 서 있는 곳이 화보촬영지이지 싶을 정도로 셀카를 찍어대고, 인정사정없이 빵빵거리는 클락션 소리에 화들짝 놀라 서둘러 자리를 옮길라치면 높은 하이힐이 거추장스러운 사람은 투어리스트라는 것이다. 뉴요커 패션을 기대하고 왔는데 실망이라는 내게 벌써 오랜 시간 뉴욕에서 머물고 있는 숙소 주인 언니는 뉴욕에서 겨울 한 철만 보내도 쉽게 관광객과 뉴요커를 구분할 수 있다고 했다.

"뉴욕에서 한 겨울에 코트 입고 다니면 관광객이고, 패딩에 털모자에 목도리까지 칭칭 감아 눈만 겨우 빼꼼 보이면 뉴요커야. 거기다 만약 방수부츠까지 신어 무장했다면 100퍼센트지.”

하루는 메이시스 백화점에서 윈도쇼핑을 하는 중이었다.

내 또래로 보이는 남자가 뒤에서 날 불러 세웠다.

“안녕! 아까 전부터 쭉 널 지켜보고 있었어.”

나는 ‘그런데?’라는 도도한 눈빛으로 남자를 쳐다봤고, 남자는 계속해서 수줍은 듯 웃으며 말을 이어나갔다.

“사실은 네 드레스가 너무 예뻐서 자꾸만 시선이 갔어. 혹시 입고 있는 드레스 어디서 산건지 알려줄 수 있니? 오늘이 내 여자 친구 생일이거든. 꼭 그녀에게 선물해주고 싶어.”

장난하나. 일단 여자 친구가 있단 말부터 먼저 꺼내라고.

남자는 여자 친구에게 선물해주고 싶다며 내가 입고 있던 원피스의 출처를 물어봤지만, 안타깝게도 그 원피스는 내 흐린 기억을 떠올리자면 지금 여기서부터 11000킬로미터나 떨어져있는 한국의 수도 서울에 있는 강남역 지하상가라는 곳에서, 1년 전 늦게 오는 친구를 기다리며 충동적으로 구매한 4만 원도 안 되는 싸구려 원피스였다.

간절한 눈빛으로 날 쳐다보는 푸른 눈의 남자가 여자 친구 선물이라는 말로 염장만 안 질렀어도 알려줬을 텐데, “미안, 오래 전에 산 옷이라 나도 잘 기억이 안나!”라는 말을 남기고 새침하게 자리를 옮겼다.

뉴욕 패션의 메카인 소호. 꼭 뭔가를 사지 않아도,
윈도쇼핑을 하는 것만으로도 즐거운 이곳엔 맛있고 예쁜 식당도 많다.
여자들에게는 핫 플레이스가 아닐 수 없다.
아! 거의 시멘트 바닥인 뉴욕이지만 소호는 시멘트 바닥이 아닌 돌길 바닥
이기 때문에 킬힐을 신고 저 곳에 갔다가는 돌 틈 사이로 굽이 낀다거나,
굽에 스크래치 자국이 난무할 수가 있다.
난 처음 산 구두를 한 번 신고 나갔다가 스크래치만 잔뜩 얻어왔다.

이쯤 되니 어느 순간부터는 맨해은에 나갈 때마다 오늘은 대체 뭔 옷을 입고 나가야 하나 고민이 되는 것도 사실이었고, 더 신경 쓰게 되는 면도 없지 않았다. 패션으로는 훨씬 우위라고 생각하던 뉴욕에서 패션 센스를 칭찬받으니 그 재미도 사실 쏠쏠했다.

그렇게 내가 상상하던 뉴요커들이 없는 뉴욕에서 강남역 지하상가 표 옷을 입고 뉴요커 행세를 하는 나에게는 추후 이탈리아 디자이너의 새로운 뮤즈가 되느냐 마느냐의 엄청난 사건이 기다리고 있었다.

두 번째 운명의 장난!

뮤지컬에는 송모멘트^{Song moment}라는 용어가 있다.

노래가 나와야 하는 순간 또는 타이밍. 그래서 보통 극 중간 중간에 노래가 배치되는 부분을 송모멘트라고 하는데, 송모멘트는 아무 곳에나 배치되는 것이 아니고, 그래서도 안 된다. 뮤지컬에서 음악의 기능은 여러 가지가 있는데, 그중 가장 중요한 기능이라고 할 수 있는 것은 대사로는 감정을 다 표현할 수 없을 때, 다시 말해 말로는 상황 또는 감정을 다 전할 수 없을 때 음악의 힘을 빌리는 것이다. 뮤지컬에서 나오는 음악에 단순히 오락적 기능만 있는 것은 결코 아니다.

라커펠러 센터 전망대 탑오브더락^{Top Of The Rock}에 올라 뉴욕의 야경을 한 눈에 내려다보고 있는 지금, 송모멘트라는 용어가 생각났다. 대체 어떤 미사여구를 써야 내 눈앞에 보이는 이 광경을 다 표현할 수 있을까? 끝도 없이 펼쳐진 뉴욕의 마천루가 눈앞에서 빛나고 있는 순간에 흘러나올 음악은 엔니오 모리꼬네의 곡 정도는 돼야 하지 않을까? '별빛이 수놓았다' 정도의 식상한 가사는 붙이고 싶지도 않다. 그만큼 극적인 순간답게, 내 눈에는 자꾸만 눈물이 흐르고 있었다. 어렸을 때 그린 그림이 생각났다. 온갖 예쁜 색깔을 검은색 바탕 안에 숨겨놓고 끝이 뾰족한 것으로 긁으면, 온통 까맣기만 하던 도화지에 오색 색깔이 빛을 밝혔다. 갑자기 그 그림이 생각이 난 건, 그 순간 탑오브더락에서 보는 뉴욕의 전경에는 오로지 빛만 있었기 때문이다. 맨해은 곳곳에 쌓인 쓰레기더미도, 오래된 시간만큼 낡고 녹슨 건물도, 말끔하게 차려입은 사람들 아래에 앉아서 구걸하는 홈리스도, 그 모든 것이 가려진 그곳엔 오로지 오색빛깔의 예쁜 그림만 있었다.

"너무 예쁘잖아. 혼자 보기에는 너무 예쁘잖아 이건."

나도 모르게 육성으로 터져 나오는 말이었다. 카메라를 아무리 들이대도 내 눈에 보이고 있는 뉴욕의 야경은 그대로 담겨지지 않았고, 그때 처음으로 왜 사람들이 조금이라도 더 비싸고 좋은 카메라를 쓰는지 알 것 같았다.

뉴욕하면 야경이고, 야경하면 투어리스트들의 취향이 엠파이어스테이트빌딩이냐, 아님 탑오브더락이냐로 갈린다고 한다. 탑오브더락은 라커펠러 센터 전망대에 있는데, 비싼 돈 내고 두 군데 모두 가서 볼 필요까지는 없고 둘 중 한 군데서만 보면 된다고들 했다. 어떤 이는 낮에 가서 볼 거면 엠파이어스테이트 빌딩이 낫고, 밤에 가서 볼 거면 탑오브더락이 낫다고 한다. 엠파이어스테이트 빌딩은 창살 너머로 보아야 한다는 것이 조금 아쉽고, 탑오브더락은 유리벽으로 되어 있어 탁 트인 시원한 풍경을 볼 수 있다는 게 장점이다.

두 군데 중 어느 곳에 가서 볼까 고민하다 엠파이어스테이트 빌딩은 '킵' 해두기로 했다. 엠파이어스테이트 빌딩 전망대는 꼭 미스터 프린스턴과 같이 가고 싶었으니까.

뉴욕에 있는 동안 엠파이어스테이트 빌딩을 보고 있으면 늘 두 가지가 생각이 났다.

하나는, 미스터 프린스턴이었고, 다른 하나는 내가 정말 좋아하는 영화 〈러브 어페어〉다.

미스터 프린스턴과 처음 연락하던 날, 오랜 시간 동안 뉴욕에 가 보는 게 소원이었다는 내게 그가 처음 보내준 사진이 바로 엠파이어스테이트 빌딩 전망대에서 찍은 사진이었다.

"저기 올라가면 진짜 커플들이 찐하게 키스하고 있고 그런다? 부럽게."

그가 내게 보여준 사진은 야경이 아니어서 아쉽긴 했지만 광주 촌년을 혹하게 하기엔 충분할 만큼 아름다운 뉴욕의 전경이 보이는 사진이었고, 그 사진을 보며 〈러브 어페어〉의 아네트 베닝과 워렌 비티처럼 우리도 저곳에서 만나면 참 좋겠다, 내지는 저 곳에 같이 가서 야경을 함께 보면 얼마나 좋을까, 하는 생각을 하곤 했다.

이렇게 나름 의미가 있는 곳에 혼자 올라가고 싶지 않기도 했고, 탑오브더락에서 엠파이어스테이트 빌딩과 크라이슬러 빌딩을 모두 볼 수 있는데 그 모습이 또 장관이라며, 요즘은 탑오브더락의 야경을 더 선호한다는 주위 의견을 참고해 나는 탑오브더락에서 야경을 보기로 결정했다. 나는 종일 피프스 애비뉴Fifth Avenue에서 시간을 보내다 저녁이 될 때쯤 라커펠러 센터까지 걸어서 이동했다. 지하철로 이동하고 싶은 사람들은 지하철에 라커펠러 센터 역이 있으니 그곳에서 하차하면 된다. 탑오브더락은 시간대별로 예약이 가능하며, 비용은 30불 정도다.

전망대답게 바람이 세차게 불어 꽤 추웠다.

거기다가 대체 왜 흐르는지 모르겠지만 계속해서 흐르는 눈물 때문에 내 얼굴은 꽁꽁 얼어붙고 있었다. 사방팔방 죄다 커플에, 가족끼리

신이 나서 카메라 플래시를 터트리고 있는 그곳에서 혼자 사진을 찍어보겠다고 사람들한테 이리 치이고 저리 치이며 카메라를 들이대고 있는데 바로 뒤에서 친근한 언어가 들렸다.

"사진 찍어드릴까요?"

돌아보니 나보다 조금 더 어려보이는 한국 남자는 혼자 사진을 찍어보려 낑낑거리고 있는 내가 안쓰러웠는지 사진을 찍어주겠다고 했다.

지금 얼굴을 굳이 사진으로 확인하지 않아도 썩 예쁘지 않을 거라는 것을 직감했기에, 감사하지만 괜찮다고 정중히 거절하려는데, 그는 내가 한국 사람이라는 걸 어떻게 알고 대뜸 한국말을 건넨걸까? 아무리 중국인, 일본인이 섞여있어도 한국 사람들은 정확히 그들 틈에서 한국 사람을 알아보긴 한다지만, 그렇게 내가 한국 사람처럼 생겼나싶어 "제가 한국 사람인 줄은 어떻게 아셨어요?"라고 묻자, 남자는 "들고 계신 책 보고 알았어요. 그럼 즐거운 여행 되세요!"라는 말을 남기고는 자신의 일행이 있는 곳으로 자리를 옮겼다.

맞다. 사진 찍느라 까맣게 잊고 있던 내 관광책자. 떡하니 한글로, 그것도 굉장히 두꺼운 글씨체에 못해도 50포인트 이상의 크기로 제목이 쓰여 있는 책을 하필이면 앞면이 보이게 품에 꼭 껴안고 있었던 것이다. 관광객이라고 광고를 해라 광고를. 넌 하여튼 뭘 해도 이렇게 어설프냐. 괜히 책을 빌미삼아 혼자 툴툴거리고 있는데 그 순간, 꾹꾹 참

아왔던 그간의 감정들이 홍수처럼 터져 버렸다.

뉴욕에 도착한 날부터 혼자 타임스스퀘어, 센트럴파크, 피프스 애비뉴, 맨해은 곳곳을 돌아다니며 느낀 외로움이 북받치면서 닭똥 같은 눈물이 뚝뚝 떨어지다 못해 모두가 즐겁고 로맨틱한 곳에서 난 마치 길을 잃은 아이처럼 미스터 프린스턴을 찾아 엉엉 울기 시작했다.

그리고 드디어 뉴욕에 온 지 정확히 10일 째 되는 날, 나는 그에게 연락을 했다.

"잘 지내? 뉴욕 와서 연락해."

메시지를 보내고는 한참을 자리에 앉아 있을 수밖에 없었다. 다리도 덜덜덜 떨리고, 손도 덜덜덜 떨리고, 심장도 터져버릴 것만 같고. 머릿속은 왜 그렇게 시끄러운지.

출장 간다던 시애틀은 갔나? 시애틀에서 아직 안 돌아왔으면 어떡하지? 혹시 여자 친구가 생기진 않았을까? 만약 그랬으면 한국으로 돌아가야 하나? 그동안 한 번이라도 내 생각은 했을까? 이런 저런 생각 때문에 좀처럼 진정이 되지 않는 마음은 그에게 연락이 올 때까지 계속 됐고, 그로부터 한 시간 후, 핸드폰이 울렸다.

"뉴욕 왔구나. 언제 왔어? 그래서 뉴욕은 어때?"

그의 질문에 '별로야. 네가 없어서. 널 볼 생각에 왔는데 혼자 여행

하고 있는 지금 난 너무 외로워. 뭘 보든, 뭘 먹든 별로야 전부'라는 말이 목구멍까지 나오는 걸 삼키고, 최대한 차분하게 말을 이어갔다.

"한국 지하철이랑 화장실에서는 잠도 잘 수 있을 거라는 네 말이 자꾸 생각나. 난 밥도 먹을 수 있을 것 같아."

그는 내 말에 미친 듯이 웃어댔고, 그의 웃음에 그와 두 달 만에 연락한다는 긴장감이 조금씩 풀리기 시작했다.

"출장 간다더니 출장은 갔어? 시애틀이니?"

"응. 난 출장 왔지. 뉴욕에 언제까지 있어?"

"1월에 돌아가. 1월 초."

"되게 오래 있네. 보면 한국에서나 보겠다."

"응? 그게 무슨 말이야?"

"나 출장 끝나는 대로 여기서 바로 한국 가."

응? 잠깐만, 한국? 그러니까, 내가 정확히 10일 전에 날아온 그곳?

미스터 프린스턴은 시애틀에서 출장이 끝나는 시점인 일주일 후에 바로 한국으로 떠난다고 했다. 그는 모처럼 장기 휴가를 얻었고, 약 두 달 정도 한국에 있을 예정이라 우리가 본다면 한국에서나 볼 수 있을 거라고 했다. 기가 차서 말도 안 나온다. 이거야말로 제대로 송모멘트다. 자그마치 14시간, 11000킬로미터다. 얼굴 한 번 안 본 남자를 사랑

한다는 이유만으로 그를 보고 싶다는 마음 하나로 가족도, 친구도, 친지도 아무도 없는 뉴욕으로 날아온 시간과 거리 말이다.

늘 꿈꿨었다. 종일 정처 없이 돌아다니다 이렇게 지금처럼 어딘가에 앉아 있으면 늘 저만치 멀리서 그가 내게 오는 꿈을 꿨다.

"많이 기다렸니?"

"아니. 방금 왔어."

"뭐하고 있었어?"

"그냥 사람구경……."

"촌년."

그러나 뉴욕 하늘 아래 어디에도 그는 없었고, 이제는 내가 날아온 시간과 거리만큼, 딱 그만큼 날아간다고 한다. 정말이지 이쯤 되면 내 정성이 갸륵해서라도 만나게 해주겠다.

나에게는 뉴욕 어느 곳에서, 아니 더 정확히 말하면 엠파이어스테이트 빌딩이나 타임스스퀘어 한복판에서, 사람들이 미친 듯이 지나다니는 그곳에서 정확하게 서로만 눈에 보이는, 온통 다 흑백인데 우리 둘만 컬러인, 그런 영화 같은 해피엔딩이 주어지는 게 마땅하고, 드라마틱한 만남이 허락되어야 한다.

그런데 뭐? 작년에 그가 잠깐 4일간 한국에 들어왔을 때도 운명의 장난처럼 못 만나더니, 이제는 내가 뉴욕에 오니까 그가 또 한국을 간다고? 그것도 약 두 달 동안?

꼭 영영 만날 수 없는 평행선 같다. 정말 우리는 만날 수 있을까?

뉴욕의 야경이 눈부시게 아름다운 날, 라커펠러 센터 전망대 탑오브더락에서 나는 미스터 프린스턴과의 두 번째 운명의 장난을 맞이해야 했다.

IV. 나 한국으로 돌아갈래!

귀국 일정을 바꾸고 싶은데요!

짐 싸! 당장 싸!

항공사 번호가 어디 있더라? 비행기 티켓은 있으려나? 일정 바꾸는데 돈 엄청 물어야 하는 거 아니야? 됐고. 얼마가 들든 바꿔. 바꾸고 나 한국으로 돌아갈래!

더 이상 뉴욕에 있고 싶지 않았다.

뉴욕에 오기 전까지는 뉴욕에 온 이유 중 70퍼센트만 그리고 생각했는데, 아니었다.

100퍼센트, 아니 200퍼센트 미스터 프린스턴이었나 보다. 나는 그렇게 사랑에 눈이 먼 한심한 여자였나 보다. 내가 여기에 누구 때문에 왔는데. 어떻게 왔는데. 내가 널 만나는 날을 얼마나 기대했는데. 처음엔 말도 안 되는 이 상황이 정리조차 되지 않았다. 이런 기막힌 상황을 제3자한테 말해봐. 뭐라 하겠어. 아니 그 전에 믿기는 하겠어? 나조차도 이렇게 안 믿기는데? 그리고 차츰 상황이 받아들여질 때쯤엔 두 달 동안 변한 게 하나도 없는 내 지랄 맞은 성격을 여과 없이 미스터 프린스턴에게 보이고 있었다.

"뉴욕 잠깐 들렀다가 한국 가도 되는 거잖아! 한국에서 두 달이나 있을 거라며? 그렇게 오래 머물면서 조금 늦게 가도 되는 거잖아. 나 보고 가도 되잖아. 내가 뉴욕에 왔는데. 넌 내가 궁금하지도 않지? 보고 싶지도 않지? 대체 내가 1년 반이나 너랑 왜 연락했나 싶어!"

그가 뉴욕에 오라고 한 것도 아닌데, 꼭 나는 뉴욕 하늘 아래에서 그에게 버림받은 기분이었다.

하긴, 우리가 사귀는 사이도 아니고. 내 멋대로 뉴욕에 와놓고, 그가 오랜만에 받은 장기 휴가로 가족과 친구들이 있는 한국에 간다는데, 그게 당연한 건데 내가 뭐라고 이렇게 화를 내고 있는 걸까. 미스터 프린스턴 입장에서는 얼마나 어이가 없을까. 그리고 지금 이 순간에도 그에게 가장 중요한 건 내가 뉴욕에 있다는 사실보다 하루라도 빨리 출장이 끝나 한국에 가고 싶다, 가족과 친구들이 보고 싶다, 한국에 가면 제일 먼저 뭘 하면 좋을까 이런 생각뿐일 거라는 생각이 들자 이제는 그 어떤 말도 무의미하며, 어떤 말도 하지 않는 것이 그나마 지금 이 순간 내가 덜 비참해지는 방법이라는 생각이 들었다.

그렇게 나는 인정하기 싫지만, 아주 중요한 걸 깨달아가고 있었다.

그는 나에게 마음이 없다.

"귀국 일정을 바꾸고 싶은데요."

항공사에 전화해 귀국 일정을 변경할 수 있냐고 물었다. 항공사 측은 추가 비용 없이 원하는 날짜에 좌석이 있으면 변경해주겠다고 했다. 나는 일주일 뒤를 말했고, 항공사 측에선 다행히 그 날 좌석이 남아 있어 변경이 가능하다며, 재차 변경 의사를 물었다.

그 순간, 나는 그 질문이 나를 시험하는 것처럼 들렸다.

"이 날짜로 변경해드릴까요?"

"저기…… 잠깐만요. 다시 스케줄 체크하고 전화 드릴게요. 감사합니다."

막상 스케줄을 변경하려고 하니, 입이 떨어지지 않았다. 이렇게 돌아가겠다고? 처음부터 미스터 프린스턴 때문에 온 뉴욕이니까 그를 못 보는 이 시점엔 돌아가는 것이 맞지만, 내 인생에서 또 다시 이렇게 오랜 시간 뉴욕에 머무를 수 있는 기회가 과연 얼마나 더 있을까? 이렇게 돌아가면 난 분명 후회할 것이다. 아주 오랜 시간 동안 사랑 때문에 이리 휩쓸리고 저리 휩쓸린 나를 한심하게 생각하며 스스로를 못 견디게 싫어할지도 모른다.

미스터 프린스턴을 알기 훨씬 전부터 내게 뉴욕은 오랜 꿈이었다. 방안 곳곳에 뉴욕 사진을 붙여놓고, 여행을 떠날 날만을 손꼽아 기다리던 곳이었다. 아티스트에게 뉴욕이라는 도시는 꿈의 도시라고, 그곳에 있는 것만으로도 예술적 영감이 마구 샘솟을 것 같다고, 'New York'이라는 이름에서 오는 자유로움이 자꾸 심장을 뛰게 한다고, 제일 좋아하는 미드가 〈섹스 앤 더 시티〉라고, 시시한 여자 취급을 당하면서도 만나는 모든 외국인 친구들에게 이렇게 말해왔다.

그리고 지금 이곳이 그곳이다. 다른 곳도 아니고, 나는 지금 뉴욕에 있다.

'뉴욕'이라는 것만으로 조금 더 머무를 이유가 너에게는 충분하지 않니? 그가 없다는 이유만으로 돌아가는 건 너무 한심해.

나는 오랜 시간 고민한 끝에 귀국 일정을 바꾸는 전화를 걸 시간에 숙소 앞 바에 가서 술이나 마시는 걸로 결론을 냈고, 그렇게 다시 숙소를 나섰다.

휴게소, 뉴욕, 그 다음 정거장은?

"'쿨'하신 것 같아요."

한국에 있을 때, 나를 잘 알지 못하는 남자와 하던 대화 도중 그가 내게 한 말이다.

쿨하신 것 같아요. 언제부터 생긴 표현일까? 쿨하다.

나는 마치 한때 과대포장이 논란이었던 과자처럼, 저 말 역시 뭔가 굉장히 매력적이게 포장됐다고 느낀다.

쿨하고 쿨하지 않음의 기준이 사랑하는 사람에게서 연락이 오지 않아도 '괜찮아. 자기가 하고 싶으면 하겠지', 누군가와 헤어지고 나서도 '뭐 또 사랑이야 봄이 가면 여름이 오듯 오겠지' 이런 마인드로 일관하는 것이라면, 쿨 따윈 개나 주겠다.

쿨이라는 단어와는 전혀 어울리는 않는 나는 이번 연애와 다음 연애 사이의 공백이 꽤 많이 긴 여자다. 연애를 잘하는 주변 친구들을 보면 이별하고 나서 혼자만의 시간이 그리 길지 않던데, 그렇게 따지면 나는 연애는 젬병인가보다. 쉽게 연애를 시작하는 타입이 아닐뿐더러, 나를 좋아해준다고 해서 옆자리를 잘 내어주는 타입 또한 아니다.

그래서인지 나는 모처럼 하는 연애에 매순간 최선을 다했다.

그가 타서 죽든, 내가 타서 죽든 둘 중 하나는 이러다 타서 죽겠지 싶을 정도로 뜨겁게 사랑했고, 그렇게 사랑한 만큼 자존심을 챙기고 품위를 지키는 고상한 이별을 해본 기억이 안타깝게도 없다. 만약 내가 고상하고 품위 있는 이별을 한다면, 아마 그건 그를 사랑하지 않을 때뿐일 것이다. 비록 품위 있는 이별은 못했지만, 적어도 지난 연애를 돌이켜볼 때 난 늘 최선을 다했기에 후회는 없었다. 그래도 아주 가끔은 나도 좀 품위 있게 이별하고 싶다는 생각을 하곤 한다.

왜 그렇게 늘 끝까지 가야만 끝인 줄 아는 건지. 그냥 조금 아쉬운 채로, 조금 공허한 채로 남겨둘 수는 없는 건지. 이런 내 자신이 진절머리가 날 정도로 싫어질 때가 있다.

미스터 프린스턴 전에 만난 사람이 있다.

그 역시 참 열심히 사랑한 사람이지만, 여지없이 끝은 찾아왔다. 그와 이별하고 아픔을 잊으려고 부산행 고속버스를 타고 혼자 바람을 쐬러 가는 중이었다.

한 시간 조금 더 갔을까?

그에게서 전화가 왔다. 지금 우리 집 앞인데 문을 아무리 두드려도 내가 없다고, 밖이냐고.

그 순간 조금의 망설임도 없이 잠깐 나왔는데 지금 들어가는 중이니 잠시만 기다려달라는 말을 하고는 나는 한 시간 넘게 달려온 고속버스에서 주저 없이 내렸다. 한 번도 와본 적 없는 이름 모를 고속도로 휴게소에서 서울로 돌아가는 고속버스를 타고 나는 우리 집 앞에 와 있다는 그에게로 갔다. 그래서 그와 다시 만났냐고? 아니. 우린 그날을 마지막으로 완벽하게 헤어졌다.

난 어리석게도 이별을 막을 수 있을 줄 알았다. 돌아가는 서울행 버스에서는 심지어 한 치의 의심도 없이 우리가 다시 사랑할 수 있을 거라고 생각했다. 만약 그날 내가 그에게 돌아가지 않고 부산으로 갔다면? 잠깐 나온 것이 아니라 부산에 가고 있는 중이라고 솔직하게 말했다면, 그랬다면 어땠을까? 그랬다면 혹시 그가 부산으로 오지는 않았을까? 내 주변 친구들의 말에 따르면 남자가 먼저 액션을 취할 때, 그 연애가 더 오래간다던데.

만약 미스터 프린스턴이 시애틀로 와줄 수 있냐고 한마디만 해줬더라면, 난 갔을 것이다.

그를 보겠다고 한국에서 뉴욕도 왔는데, 뉴욕에서 시애틀쯤이야.

'내가 거기로 갈까?'라는 말을 먼저 꺼내기엔 우리 사이는 아무 사이도 아니었고, 내가 그를 보고 싶어 하는 마음만큼, 그에게서는 나를 보고 싶어 하는 마음이 느껴지지 않았다.

이번에도 나는 뉴욕에 오지 말았어야 했나보다.

내가 미스터 프린스턴 만나겠다고 뉴욕에 오지 않았더라면, 그랬더라면, "나 한국이야"라고 그에게서 먼저 걸려오는 전화를 아주 느긋하고 품위 있게 받을 수 있었을 텐데. 그리고 두 달이나 한국에서 머문다는 그의 휴가 기간 동안 하루 정도는 만나지 않았을까? 뭐한다고 14시간 11000킬로미터를 날아와서, 말도 안 통하는 이곳에서, 아무도 없는 이곳에서, 이렇게 혼자 버림받은 기분으로 술이나 마시고 있어야 하는 건지.

미스터 프린스턴과 나는 끝나도 진작 끝난 사이었는데 꼭 이렇게 뉴욕까지 와서 확인사살을 해야 했는지. 휴게소, 뉴욕, 그래서 앞으로 그 거지같은 다음 정거장은 대체 어디인건지. 내 자신이 또 다시 넌덜머리가 나도록 싫어지는 순간이었다.

"Hey, Are you okay?"

조용히 혼자 훌쩍이고 있다고 생각했는데, 내 옆에 앉아 있던 남자가 내게 손수건을 건넸다.

"Oh, Thank you."

손수건을 받자마자 참고 있던 눈물이 봇물 터지듯 터졌다. 정말 뉴욕에서 궁상, 진상, 꼴값 떠는 여배우 주연의 영화는 혼자 다 찍고 가는 것 같다. 중년의 남자는 그런 내 마음을 알았는지 괜찮다는 듯 아무 말 없이 어깨를 다독여주었다. 차마 염치없게 손수건으로 코까지는 풀 수 없어서, 눈물만 몇 방울 찍어내고 고맙다는 인사와 함께 정중하게 돌려주려는데 그 순간 남자의 뒤로 웬 여자가 다가왔고, 자연스럽게 남자의 옆 자리에 앉았다. 남자는 자신의 와이프라며 내게 여자를 소개했다.

저 여자가 이 상황을 오해하면 어떡하지? 내가 자신의 남편을 꾀는 중이라고 생각하는 건 아니겠지? 그런 내 표정을 읽어서인지, 아니면 남자 역시 와이프가 이 상황을 오해하면 어쩌나 걱정이 돼서인지는 몰라도 남자는 재빨리 여자에게 상황을 설명했고, 남자의 말을 듣는 내내 여자는 진심어린 눈빛으로 날 쳐다보았다. 그리고는 자신의 맥주와 함께 내 맥주까지 주문하는 대인배 부인의 면모를 보여줬다. 그들은 패트릭 부부라고 자신들을 소개했다.

"뉴욕엔 왜 온거니?"

"사랑 때문에 왔어."

"사랑? 아! 너의 남자친구가 여기에 있구나?"

"그는 엑스 보이프렌드야. 그런데 난 그를 아직도 많이 좋아해."

"그럼 다시 만나면 되잖아? 그에게 여자 친구가 있니?"

"아니. 없을걸? 있나? 글쎄, 잘 모르겠네. 난 없다고 믿어."

"그런데 뭐가 문제야?"

역시 영어는 술 먹으며 배우라는 말이 틀린 말이 아닌가보다.

술이 조금 들어가자 나는 콩글리쉬는 알 바 아니라는 듯 짧은 영어로 패트릭 부부에게 내 구구절절한 러브스토리를 이야기했고, 패트릭 부부는 마치 한 편의 재미있는 영화를 보는 듯 이야기에 집중했다.

나는 그를 만나러 한국에서 뉴욕까지 날아왔는데 이젠 그가 한국으로 가게 돼서 우리가 만날 수 없게 됐다는 말을 했고, 내 말이 끝나기가 무섭게 패트릭 씨는 말했다.

"그럼 네가 여기 일정을 일찍 마무리하고 한국으로 가면 되겠네!"

"그래! 그럼 되잖아. 뭐가 문제야?"

부부는 일심동체라는 듯 패트릭 부인도 남편의 말에 동의하며 내 다음 말을 기다렸다.

"아니. 그건 아닌 것 같아."

"뭐가 아니야?"

"이번엔 그가 올 차례라고 생각해. 그가 정말 날 보고 싶은 마음이 있다면, 내 뉴욕 일정 중에 그가 한국 일정을 일찍 마무리하고 오는 것이 이제는 맞는 것 같아. 난 내가 할 수 있는 최선을 다 했다고 생각해.”

부족한 영어 실력 탓에 나는 네다섯 번의 설명 끝에 그들을 이해시켰고, 내 말을 겨우 이해한 패트릭 씨는 “맞아. 넌 아주 똑똑한 여자구나”라고 했다.

똑똑한 여자라고? 아니, 똑똑한 여자라면 애당초 이곳에 오지 않았을 것이다.

나는 패트릭 부부와 세 시간가량 이야기했고, 그 덕분일까? 한결 가벼워진 마음으로 자리에서 일어날 수 있었다. 오늘 너무 즐거웠다고, 내 이야기를 들어줘서 고맙다고 마지막 인사를 하는 내게 패트릭 부부는 자기들은 이 동네 주민이라며, 이 바에 자주 오니 언제든지 이곳에서 만나자는 따뜻한 말을 건넸다.

비틀비틀.

숙소로 돌아가는 길에 나는 생각했다.

우리가 만날 수 있을지 없을지 정말 모르겠지만,

어느 드라마의 대사처럼 우리가 만나야 할 이유가 있다면 만나지지 않을까?

그래서 난 널 따라 한국으로 가지 않을 거야.

네가 없는 뉴욕에서, 내 여행은 지금부터니까.

뉴욕의 할로윈 데이는 내가 생각했던 것보다 훨씬 큰 행사였다.

한국에서는 이태원정도나 나가야 할로윈 데이 분위기를 느낄 수 있는 정도이지만, 뉴욕의 할로윈 데이 당일은 내가 처음 이곳에 도착한 날보다 훨씬 더 화려해진 장식과 조형물들이 동네 전체를 꾸미고 있었고, 아침부터 동네 아이들이란 아이들은 모두 귀여운 코스튬을 입

사탕을 얻으러 다니고 있는 귀여운 미니마우스!
저 호박통을 가득 채워왔더라.

바로 앞에 서 있는 해골에 센서가 부착되어 있는지 저 근처에 가면 해골이 고개를 흔들며 웃는데, 한 밤중에 멋모르고 지나가다가 기절할 뻔 했다.

고 손에 든 바구니를 채우러 이 집 저 집 대문을 두드리고 있었다.

'이곳에선 정말 대단한 축제구나.' 생소한 광경에 감탄을 금치 못하며 숙소 창문으로 바깥 풍경을 살피고 있는데, 머리부터 발끝까지 코스프레를 끝낸 같은 숙소 친구가 방문을 두드렸다.

"언니! 준비 다 했어요?"

문을 열고 들어오는 그녀의 오늘 컨셉은 마녀인가 보다. 머리에는 마녀 모자 같은 걸 쓰고, 마녀들이 입는 망토 비슷한 것을 걸치고, 섹시한 스타킹을 신고, 블링블링한 메이크업까지 완벽하게 풀 착장한 마녀였다.

"너 되게 멋있다?"

"언니야말로 너무 섹시한 거 아니에요?"

"연지 씨! 오늘 남자들이 가만 두지 않겠는데? 클럽에서 난리나겠어!"

언제 내려왔는지 2층에서 막 깨어난 18개월 아이를 안고 내려온 숙소 주인 언니가 날 보더니 말했다. 그리고는 아줌마들의 단골 멘트인 "왕년엔 나도……" 라는 말을 꺼내며 자신의 지난날을 회상하고 있었다. 그녀가 한 소싯적 하던 자신의 지난날에 더 깊이 빠져들려 할 때, 18개월 아이의 울음소리가 그녀를 현실로 불러왔다.

"어이구 배고파? 맘마 먹자, 맘마."

그녀는 서둘러 그녀의 현실과 함께 방에서 나갔다.

나는 몸매 라인이 드러나는 블랙 미니 원피스를 입고 메이크업을 조금 화려하게 하는 정도로 그날의 코스튬을 정했다. 무난하다면 무난한 내 모습을 보고 숙소의 친구들이 예쁘다, 섹시하다 칭찬을 해주자 괜히 민망해졌다.

"에이. 나는 그냥 원피스만 입었는데 뭘! 바니걸에, 간호사에, 뱀파이어 기지배들 앞에서 명함도 못 내밀어."

처음엔 나도 캣츠걸을 할까, 바니걸을 할까, 뱀파이어를 할까 하며 걸이란 걸은 다 고민했지만, 그 정도로 열과 성을 다해 할로윈 데이를 즐기고 싶은 기분이 아니었다.

오늘은 뉴욕에서 처음 맞는 할로윈이기도 했지만, 그와 동시에 미스터 프린스턴이 한국으로 떠나는 날이기도 했다.

거울 앞에 서서 한참 동안 내 모습을 이리저리 둘러봤다.

요 며칠 마음고생을 한 덕분인지 볼도 핼쑥해지고, 툭하면 봇물 터지듯 하던 눈물 때문에 눈빛도 뭔가 촉촉한 게, 뭐랄까, 사연 많은 여자처럼 보인다고 해야 하나? 그래서 은근히 묘한 분위기를 풍기고 있는 나는 내가 봐도 꽤 예쁘고 섹시했다.

"장거리 연애하면 언제 제일 그 사람이 생각나? 친구들이 남자친구랑 데이트하는 거 볼 때? 아니면 일 때문에 스트레스 받은 날? 아니면 아픈 날?"

내가 미국에 있는 남자와 연애 비슷한 것을 하고 있다는 걸 알게 된 친구들은 장거리 연애를 하면 뭐가 제일 힘든지, 언제 제일 그 사람이 보고 싶은지 묻곤 했다.

그럴 때면 나는 늘 이렇게 답했다.

"내가 봐도 내가 예쁜 날."

내 모습을 그에게 보여주고 싶고, 오늘 참 예쁘단 말을 듣고 싶은데 그럴 수 없으니까.

그런 날엔 괜히 더 미스터 프린스턴에게 심술을 부리곤 했다.

'이렇게 예쁘게 차려입은 날, 데이트도 못하고 이게 뭐야!'라는 일종의 투정이었다.

지금도 거울 앞에 서 있는 내 모습이 썩 괜찮은 걸 보니 여지없이 미스터 프린스턴이 생각났지만 괜히 우울해지고 싶지 않아 룸메이트에게 이미 알고 있는 오늘의 일정을 다시 한 번 물었다. 룸메이트와 나는 저녁에 맨해은에서 있을 할로윈 퍼레이드를 구경하고 미드타운 쪽에 있는 클럽에 가기로 했다. 뉴욕에 와서 처음 클럽에 가는 날이라 살짝 긴장도 되면서 기대도 컸다. 나는 춤을 꽤 잘 추고 춤추는 것을 좋아한다. 지금 느끼고 있는 이 공허한 마음을 센트럴파크에 가서 댄서처럼 춤으로 달래볼까도 적잖이 고민했다. 하지만 첫째, 사운드 빵빵한 오디오도 사야 하고, 둘째, 한참 딸리는 영어 실력으로 흑인들과 자리싸움을 해야 한다는 상상을 하니 마음은 일찍이 고이 접혔다. 오늘 클럽에 가서 스트레스나 제대로 풀고 와야지! 뉴욕 클럽은 어떨까? 이미 뉴욕 클럽 경험이 많은 룸메이트는 로컬 클럽에 가면 모델처럼 잘생긴 남자들이 많으니 내게 정신줄을 놓지 말라고 신신당부를 했다.

나는 오늘부로 미스터 프린스턴 따위 잊고 새 출발을 하게 될지도 모른다.

　뉴욕의 할로윈 데이 길거리는 신세계였다.

　좀비들과 각종 히어로들이 가득한 지하철에서 내리면,디즈니에서 그대로 빠져나온 듯한 공주들이 걸어 다니고, 동화책은 집에서나 보라는 듯, 훌러덩 벗어젖힌 핫가이들이 동심을 파괴하고 그와 구색이라도 맞추겠다는 듯 금발의 섹시한 언니들이 맨해은을 헐벗고 돌아다니고 계신다. 디테일한 그들의 코스프레에 감탄을 금치 못하고 있다 보면 어느새 우리처럼 퍼레이드를 구경하겠다고 나온 수많은 인파 속에서 헤엄치는 건 시간문제다. 한국의 월드컵 시즌을 방불케 하는 군중 사이에서 퍼레이드 쇼는 심지어 잘 보이지도 않고, 우리는 그저 파도에 휩쓸리듯 이리저리 휩쓸려 다니고만 있었다. 이런 날은 한국이

나 미국이나 나라를 불문하고 집에 있는 게 최고지 싶다. 다리도 아프고, 홀러덩 벗고 나와 적잖이 춥기도 하고, 그래서인지 머리도 지끈거려 숙소로 돌아가고 싶다는 생각을 하고 있는데, 아까부터 하나라도 더 보겠다고 작은 키로 깡충깡충 거리고 있던 룸메가 갑자기 굳은 표정을 하고는 말을 건넸다.

"언니, 어디서 무슨 냄새 안 나요?"

그리고 보니 어디선가 생전 처음 맡아본 묘한 냄새가 나고 있긴 했다. 사람들이 많아 그들의 체취가 섞여 나는 냄새인가 싶었는데 룸메는 곧바로 "언니 머리 아프죠?"라고 물어왔다.

"응. 아까부터 머리가 아프긴 했어. 춥게 입어서 감기 들었나?"

"언니! 대마초 냄새예요, 이거."

"대마초? 그거 마약이잖아!"

"여기서는 마리화나도 대마초도 길거리에서 흔하게 맡을 수 있는 냄새예요."

"야, 넌 근데 대마초 냄새를 어떻게 아냐? 설마 너?"

"아니요! 전에 학교 친구가 말해줬어요. 여기서는 유학생도 많이들 피우니까."

생전 처음 맡아본 향이었지만 원체 특이하기도 하고 그날 나의 뇌리에 강렬하게 박혀서 그런지, 그날 이후로 뉴욕의 허름한 지하철역이나 골목에서 종종 대마초 냄새를 맡을 수 있었다. 그럴 때면 괜히 기분 탓인지 모를 두통이 찾아왔고, 서둘러 발걸음을 옮기곤 했다. 룸메는 대마초 냄새 때문에 잠깐 동안 표정이 굳더니 이내 또 화려한 퍼레이드 행렬에 시선을 뺏겨 옆에서 개구리처럼 폴짝폴짝 거리고 있었다. 저질 체력이라던 나보다 세 살 어린 룸메는 그 말이 무색할 정도로 수많은 군중 속에서 카메라를 들고 뛰어다니고 있었고, 그 모습이 마치 외신 기자 같았다. 나도 내 인생에 또 언제 이런 장관을 보랴 싶어 몇 번 폴짝거렸지만, 신고나온 킬힐이 발목을 잡았다. 퍼레이드 구경한답시고 계속해서 걸어 다녔더니 내가 걸어 다니는 건지 발을 끌고 다니는 건지 모를 만큼 통증이 심각해지고 있었다.

"언니, 그래서 클럽 갈 수는 있겠어요?"

잠깐 군중 속에서 나와 아픈 발을 부여잡고 쉬고 있는 내가 걱정이 되는지 룸메는 클럽에 갈 수 있겠느냐고 물었다.

숙소에 돌아가고 싶다는 말이 목구멍까지 나오려는데 그때 마침 가방에 넣어둔 핸드폰이 울렸다.

"나 이제 간다."

미스터 프린스턴에게서 온 문자였다. 비행기 타기 전에 연락했나 보다.

한참을 멍하니 들여다보다 진심을 담은 답장을 보냈다.

"잘 갔다 와. 가족들이랑 좋은 시간 보내고 와."

그리고는 클럽을 갈 수 있겠느냐는 룸메이트의 물음에도 답했다.

"야! 나 오늘 클럽에 뼈를 묻을 거야! 가자! 레츠 고!"

뉴욕에서의 첫 클럽!

살다 살다 수수료가 만원 꼴인 ATM기는 처음이다.

아무리 물가 높은 뉴욕이라고 하지만 ATM기 수수료 만원은……
양아치니?

룸메이트와 내가 간 클럽은 맨해은 미드타운 끝에 있는 파샤^{PACHA}라
는 클럽이다.

파샤는 전 세계적으로 20여 곳이 넘는 체인을 가지고 있는 유명 클
럽으로, 618 W 46th 스트리트에 있다. 우리가 그리 늦은 시간에 도착
한 것이 아니었는데도 이미 줄이 꽤 길게 늘어서 있었다. 백인보다는
흑인이나 스페니시의 비율이 훨씬 많았고, 룸메가 내게 말한 모델 뺨
치게 잘생긴 남자들은 다 어딜 간 건지 그 긴 라인에서 한 명도 볼 수
없었다.

'안에 들어가면 있을 거야. 다 저 안에 들어가 있는 걸 거야.'

나는 끝까지 기대를 버리지 않고 20분을 기다린 끝에 클럽 안으로
입장할 수 있었다.

"언니, 캐시 있어요? 여기 카드 안 된다는데?"

"나 카드밖에 없는데?"

파샤는 입장료를 캐시로만 받고 있었고, 클럽 가드는 우리의 사정
을 파악했는지 바로 옆 ATM기를 가리켰다.

"그럼 여기서 그냥 뽑자!"

"언니, 수수료가 만 원인데요?"

"뭔 소리야. 무슨 수수료가 만……."

그랬다. 클럽 안에 비치되어 있는 ATM기는 수수료가 한화로 만 원 정도였다.

룸메가 구글 맵으로 근처 은행을 검색했지만 은행은 30분 정도 걸어가야 하는 거리에 있었고, 나는 도저히 이 발로 왕복 한 시간을 걸을 수 없다는 판단 하에 결국 양아치 ATM기에 털리기로 했다.

젠장. 한국에서는 수수료 500원도 아까워하는 나인데.

게다가 아무리 대목이라지만 그날 파샤의 입장료는 50불이었다. 한화로 5만 원이 살짝 넘는 입장료를 내고 드디어 그놈의 파샤에 입장할 수 있었다.

클럽 안은 밖에서 봤던 긴 줄과 달리 예상 외로 한산했지만, 채 한 시간도 되지 않아 발 디딜 틈 없이 꽉 찼다.

1층과 2층은 각각 다른 음악이 흘러나오고 있었는데, 개인적으로 내 취향은 2층에 더 가까웠다. 한참을 춤추며 이리저리 열심히 스캔하고 있는데 대체 내 룸메가 말한 모델 뺨치는 남자들은 다 어디에 있는 걸까?

잔뜩 기대했던 클럽 안에 모델 뺨치는 남자는 한 명도 없었다. 어딜 봐도 스페니시밖에 없는 파샤는 나중에 알고 보니 클럽의 제왕이라는 스페인 이비자 섬에 본사가 있는 스페인 클럽이었다. 그러니 스페니시가 많을 수밖에.

미스터 프린스턴 따위 생각도 안 날만큼 멋진 남자를 만나서 남은 뉴욕 여행 기간 동안의 새로운 로맨스를 꿈꿔 보려 했던 내 계획이 물거품이 되려는 순간, 내 눈앞에 보이는 저 배트맨은 누구야? 할로윈 코스튬 차림의 스페니시 남자는 배트맨 복장을 입은 다니엘 헤니 느낌이 나는 사람이었다. 쟤네! 쟤야! 쟤였네!

나는 그 많은 사람 중에 나의 배트맨을 여지없이 찾아냈고, 룸메이트에게 마음에 드는 배트맨을 발견했다는 사인을 보냈다. 그녀는 내 사인을 받자마자 모세가 되었다. 나를 배트맨 쪽으로 보내주려고 내 앞을 가로막고 있는 그 많은 사람을 홍해 가르듯 가르며 길을 터준 룸메 덕에 나는 눈 깜짝할 새에 배트맨 앞에 서 있을 수 있었다.

가까이서 보니 더 잘생긴 배트맨 옆엔 또 다른 배트맨 한 명과 캣츠걸이 있었다.

필시 이 조합은 저 여자가 내가 찜한 배트맨의 여자친구든가 아니면 내가 찜한 배트맨 친구의 여자친구라는 건데……. 그것도 아니면 저 셋이 불알친구든가.

오케이! 첫째, 나는 고민을 오래 하는 스타일이 아니다.

둘째, 나는 마음에 드는 남자가 있으면 표현하는 신여성이다.

셋째, 미스터 프린스턴은 한국으로 떠났다. 난 그를 잊고 싶다.

고로 난 지금 배트맨에게 말을 걸 것이다!

"안녕!"

난 웃으며 배트맨에게 먼저 인사를 건넸고 배트맨 역시 날 보더니 환하게 웃으며 인사했다.

"안녕!"

"너 코스튬 되게 멋있어!"

"고마워. 너도 멋져."

서로의 복장을 칭찬하며 훈훈한 분위기로 흘러가나 싶은데, 아까부터 자꾸 날 노려보고 있는 듯한 캣츠걸의 시선은 나만의 착각일까?

일단 여자 친구의 유무를 확인하는 것이 먼저였다. 캣츠걸이 정말 여자친구라면 대단히 실례를 범하고 있는 것이 아닌가!

난 바로 "Do you have a girl friend?"라는 돌직구 질문을 던졌고, 배트맨은 "Nope!"이라고 대답했다. 그 순간, 말없이 흐뭇하게 지켜보던 룸메가 내 팔을 급하게 잡아당겼다.

"언니! 여기서 'Do you have a girl friend?'라는 표현은 너무 직접적인 표현이라 안 써요!"

"엥? 그럼 뭐라 그래?"

"'Do you seeing anyone?' 이 정도의 표현을 하죠."

"그래? 그럼 내가 방금 너무 실례한 거니?"

"실례라고까진 생각 안 하겠지만 굉장히 적극적인 여자로 언니를 생각하지 않을까요?"

난 졸지에 굉장히 적극적인 여자가 되어 있었고, 갑자기 돌변한 배트맨의 끈적끈적한 눈빛과 스킨십을 감당해내기에는 난 아직 완벽한 한국여자였다.

어이쿠. 소녀 번지를 잘못 찾아온 것 같습니다. 그럼 전 이만. (총총총)

마치 장금이가 임금님 수랏상을 내가듯, 나는 빠르게 뒷걸음질쳐 배트맨에게서 멀어지고 있었다.

'얘는 또 어딜 간 거야.'

분명 방금 전까지만 해도 내 옆에 있던 룸메가 보이지 않았다.

룸메를 찾으러 1층에서 2층, 다시 2층에서 1층으로 오르락내리락 거리고 있는데 갑자기 내 팔목을 누군가가 휙 낚아채갔다. 고개를 들어보니 레오나르도 디카프리오를 닮은 백인 남자가 술에 잔뜩 취해 날 내려다보고 있었고, 그는 머리부터 발끝까지 온통 까만 내게 '블랙 스완' 같다고 했다. 하룻밤 꾀는 멘트로 내가 뉴욕에 와서 '블랙 스완'까지 들어보는구나 싶어 내심 기쁘기도 했지만, 한국 놈이든, 뉴욕 놈이든 결국은 진정성 있는 놈이 승리하는 거다.

"야! 그런 말은 눈이나 똑바로 뜨고 하는 거야!"

그는 알아듣지도 못할 한국말로 따끔하게 충고하고 떠나려는 나를 그는 놔주지 않았다.

142

팔목을 잡고 있는 힘은 또 얼마나 센지, 잡힌 팔목이 너무 아파 이제는 화를 내려는데……. '어? 이 냄새!' 나는 그에게서 조금 전 할로윈 퍼레이드 때 맡았던 대마초 냄새를 맡을 수 있었다. 술에 취한 게 아니라 마약에 취한 남자라고 생각하니 너무 무서운 나머지 방금 전 내가 했던 한국말을 알아들은 건 아니겠지? 하는 말도 안 되는 생각도 들었다.

'살려줘. 아까 그 배트맨이라도 좋아! 아무나 나 좀…….'

그 순간 내 뒤에서 "언니!"하며 다가온 룸메를 본 마약남은 일행이 있다는 걸 확인하고는 금세 흔적도 없이 사라졌다.

"언니, 우리 그만 나가요."

"안 그래도 나도 그 말 하려 했어. 나가자!"

우리는 50불이나 내고 들어온 클럽에서 채 두 시간도 안 돼 서둘러 나갔다.

뉴욕의 새벽 길거리는 참 고요했다.

클럽을 제외하고는 상점이며 술집들이 한국처럼 늦게까지 운영하지 않기 때문이다.

서로 지친 탓에 룸메와 나는 고요하고 적막한 길거리를 아무런 말 없이 한참을 걸었고, 그 적막을 먼저 깬 건 나였다.

"지금 몇 시쯤 됐어?"

"새벽 세 시예요."

"한참 날아가고 있겠네."

"네? 어딜 날아가요?"

"아냐, 춥다. 얼른 가자."

그렇게 뉴욕에서 맞는 나의 첫 할로윈 데이는 끝이 났고,

미스터 프린스턴은 내가 날아온 시간과 거리만큼 날아가고 있었다.

NYU, 넌 내게 굴욕감을 줬어!

NYU는 도심 한복판에 있다.

강남역이나 명동 한복판에 학교가 있다고 생각하면 이해가 쉽다.

그렇게 도심 여러 곳에 캠퍼스가 나뉘어져 있는데, 나는 예쁜 거리로 소문난 그리니치빌리지도 구경할 겸 NYU의 주 캠퍼스가 있는 워싱턴스퀘어 쪽으로 향했다.

이건 학교가 아니라 박물관이나 콘서트홀이지 않을까 싶을 정도로 멋진 외관의 건물이 전부 NYU 건물들이었고, 그중 한 건물에 학생인 척 조심스럽게 들어가 보기로 했다. 실내로 들어가기 전, 캠퍼스라고

하기엔 작은 정원 같은 곳에 열 명 조금 넘는 학생들이 앉아 있는 모습을 볼 수 있었는데, 야외수업을 하고 있는 것 같았다. 저마다 편하게 자신의 의견을 말하고 있는 학생들 앞에는 그들의 대화를 가만히 듣고 있는 중년의 남자가 있었다. 이게 미스터 프린스턴이 말한 토론식 수업인 건가?

"너와 같은 성향이 A라면 나 같은 B 성향의 사람들은 틀렸다는 거니?"

내가 미국에 있는 이 남자에게 빠져든 결정적인 이유 중 하나는 그와의 대화 때문이다.

미스터 프린스턴과 처음 연락을 하고, 그와 몇 마디 나누지 않았을 때였다. 대화 도중 영원히 풀리지 않는 논제인 남자와 여자가 친구가 될 수 있는지에 대해 '나는 이렇게 생각해'라고 내 생각을 말하게 됐고, 그는 내 생각에 반하는 자신의 생각을 굉장히 논리적으로 풀어냈다. 그러고는 교수님 혼자 한 시간 남짓을 말하는 한국의 수업방식과 달리, 미국은 수업이 토론식이라 자신의 생각을 이야기하는 것에 익숙하다고 했다. 나는 미스터 프린스턴과 이야기하는 것이 즐거웠고, 나와 다른 그의 생각을 듣는 것이 좋았다. 그는 말을 잘했다. 직업이 직업인지라 보통 여자보다 비교적 말을 잘하는 편에 속하는 나와 이야기할 때도 그는 항상 자신의 생각을 굉장히 조리 있고 논리정연하게 말했다. 나와 반대되는 의견을 내놓고 한 마디도 못하게 말로 날 KO 시킬 때는, 뭐랄까, 그 모습이 묘하게 섹시하다고 해야 할까? 그에게 졌다는 생각에 부들부들 짜증도 났지만, 한편으로는 그 모습에 더 반하게 되곤 했다. 이쯤 되면 내가 이상한 거지? 내가 생각해도 나는 노멀한 여자는 아닌 듯하다.

학생들이 수업하는 모습을 가만히 보고 있자니, 그들에게서 자신의 생각을 조곤조곤 논리 있게 말하고 있는 미스터 프린스턴의 모습이 살짝 겹쳐 보이기도 했다.

한참 열띤 토론이 진행되고, 이번엔 아시아인으로 보이는 여학생이 발표를 할 차례였다. 그녀는 아주 당당하게 자신의 생각을 말했고, 그녀의 발표가 끝나자 0.2초 정도의 짧은 적막이 흐르더니 그간 한 번도 터져 나오지 않던 교수님의 박수소리가 그 조그마한 정원을 가득 울렸다. 이내 너나나나 할 것 없이 그녀에게 보내지는 진심어린 박수갈채, 그리고 뭔가를 해냈다는 성취감이 느껴지는 그녀의 미소.

그녀는 무슨 이야기를 한 걸까? 그리고 나는 그녀 앞에 놓인 책 중 익숙한 활자로 제목이 씌어 있는 책 한권을 보고야 말았다. 그녀가 한국 사람이라는 사실을 안 순간, 나는 뉴욕에서 처음으로 묘한 기분을 느꼈고, 그 기분이 썩 유쾌하지 않아 서둘러 자리를 옮길 수밖에 없었다. 싱숭생숭해진 기분으로 다른 건물들을 기웃거리다가 발걸음을 멈춘 곳은 굉장히 모던한 건축물 앞이었다. 건물 외관에는 'New York University Bobst Library'라고 쓰여 있었다. '설마 이렇게 멋진 곳이 도서관이야?' 이 공간을 전부 책이 채우고는 있을까 싶을 정도로 굉장히 큰 건물 안을 슬쩍 훔쳐보니 외부인은 출입할 수 없는 곳이었다. 난 들어갈 수 없었다. 사실 솔직히 말하면 들어갈 자신도 없었다. 뭔가에 압도당한 듯 그대로 굳어버려 움직이지 않는 발걸음에 제자리에 멈춰서, 한참을 그 안에서 공부하고, 책을 읽고, 자신의 시간을 자유로이 보내고 있는 NYU 학생들의 모습을 쳐다보고만 있었다.

NYU 바로 앞에는 워싱턴스퀘어파크가 있다. 영화 〈어거스트 러쉬〉와 〈비긴 어게인〉에 등장한 공원이기도 하다. 그날은 날씨가 좋아 인근 주민들까지 전부 산책을 나온 듯 공원 안을 가득 채우고 있었고, 그 많은 사람 중에는 공강 시간을 보내고 있는 NYU학생들의 모습도 볼 수 있었다. 그들은 벤치에 앉아 책을 읽고, 도시락을 먹고, 친구들과 시시콜콜한 잡담을 나누며 그들만의 시간을 보내고 있었다.

나는 어렸을 때부터 욕심이 많은 편이다. 그 욕심 중엔 이상하게 시기를 놓쳐 나이를 먹고 찾아온 공부 욕심이 있다.

약 두 시간가량 NYU 주변을 둘러본 지금, 나는 기분이 별로다.

거짓말 하나 안 보태고 솔직하게 표현하면 부러움과 질투다. 창피하게도 NYU 학생들에게 이런 감정을 느끼고 있었다.

언어와 살아온 문화, 가지고 있는 가치관이 다른 사람들 속에서도 자신의 생각을 너무나도 열정적으로, 그것도 유창한 영어실력으로 이야기하던 한국 여학생. 학교를 졸업할 때까지 꼬박 다녀도 그곳에 있는 책을 다 읽을 수 있을까 싶은 멋진 건물의 도서관과 심지어 학교 바로 앞에 이렇게나 평화롭고 예쁜 공원이 있다는 것까지, 그들의 면학 분위기 전부가 부러웠다.

이렇게 좋은 환경에서 공부하고, 서로 다른 문화를 가진 친구들과 교류하고 그들과 경쟁하며 치열하게 대학생활을 마치고 졸업 후 사회에 나온 친구들과 나와의 간극은 과연 어느 정도일까? 그날 나는 단순히 미국의 유명 명문 사립학교 캠퍼스 투어를 한 게 아니라 일종의 자극을 받았다.

'저기 졸업하고 나오면 다 빚이라던데. 학비가 어마어마해서 졸업하고 나오면 빚 갚기 바쁘다던데 뭘. 결국 그냥 다들 빚쟁이인 거야.'

나는 찝찝해진 기분을 혼자 달래며 허기진 배를 채우려고 그리니치빌리지 주변의 적당한 식당을 찾고 있었다.

뉴욕에 오기 전부터 꼭 먹어보고 싶던 '머레이즈 베이글' 가게 간판이 눈에 들어왔다.

작은 규모의 가게 안에는 나처럼 베이글로 한 끼를 때우고 있는 사람이 여럿 있었다. 슬쩍 그들이 뭘 먹나 한 번 보고 주문을 하려는데 웬걸, 완성품이 아닌, 내가 주문하는 대로 베이글을 만들어주는 식이었다. 나는 주문대 앞에 서서 내가 주문하기만을 기다리고 있는 직원을 보며 뭐라 말하려 했지만, 그 순간 머릿속이 새하얘져 아무런 말도 안 나오고, 메뉴판에 씌어 있는 글씨도 죄다 뭐가 뭔지 싶은 거다. 얼른 핸드폰을 꺼내 모르는 단어들을 찾아보려는데 그게 왜 그렇게 짜증이 나는지. 결국 그렇게 먹고 싶던 머레이즈 베이글 가게에서 그냥 나오고야 말았다.

스스로가 한심했다. 돈이 없어 못 사먹는 것도 아니고 말을 못 해서 먹고 싶은 것 하나 제대로 사 먹지 못하는 내가 바보처럼 느껴졌다.

퉁퉁 부은 얼굴로 다른 식당을 찾아 돌아다니는데, 그 와중에도 배는 더럽게 고팠다. 그리고는 발견한 피자 가게. 언제나 먹고 싶은 메뉴를 파는 식당을 발견하면 지체 없이 들어가는 나였는데 괜히 밖에서 안을 살피고 있었다. 여러 종류의 피자를 조각으로 파는 피자집 안에는 메뉴판이 없었다. 대체 뭐가 뭔지 어떻게 알라는 건가 싶은 나를 보며 웃고 있는 직원과 눈이 마주쳤고, 용기를 내 이 집에서 가장 맛있는 피자를 추천해달라고 말하려는데, 그가 나에게 먼저 무슨 말을 건넸다. 방금 전 NYU에서 받은 충격 때문인지 평소보다 유난히 더 그의 말이 귀에 들어오지 않았고, "Sorry?"를 세 번이나 반복했는데도 불구하고 여전히 난 그의 말을 알아듣지 못했다. 내가 아직도 무슨 말인지 이해하지 못했다는 사실을 눈치챈 직원은 옆에 있던 다른 직원과 이야기를 주고받더니 날 향해 깊은 한숨을 쉬었고, 나는 그 자리에서 얼굴이 벌겋게 달아올라 가게에서 도망치듯 나올 수밖에 없었다. 울컥하는 마음에 바보같이 흐르는 눈물은 덤이었다.

네가 지금 사랑 때문에 뉴욕에 올 때야?

말 한마디 제대로 못해서 먹고 싶은 음식도 하나 못 사먹는 주제에, 누가 나한테 하는 얘기도 못 알아들어서 날 보고 한숨이나 쉬는데, 지금 남자 때문에 술 처먹고 울 때냐고 이 멍청한 기지배야.

나는 이렇게 낯선 땅에 와서 28년 인생 중 아주 오랜만에 잊지 못할 굴욕감을 맛봐야 했고, 스스로가 아직 한참 부족하다는 걸, 내가 살아온 세상은 너무 작은 세상이었다는 걸, 그리고 이곳에서 공부라는 걸 다시 하고 싶다는 마음속 깊은 곳에서 올라오는 욕구를 뉴욕에 온 이후 처음으로 느끼고 있었다.

뉴욕으로 온 여자, 한국으로 간 남자

"오늘 누구 좀 만나려고 광주에 다녀왔어. 이야, 광주 좋더라. 나는 네가 뉴욕 여행하는 것처럼 한국 여행하는 게 좋다."

한국으로 간 미스터 프린스턴은 그동안 보고 싶던 사람들과 소중한 시간을 보내고 있었다.

여느 20대 남자처럼 친구들과 당구를 치러 다니고, 술을 마시고, 그렇게 잔뜩 술에 취해 집에 들어올 때면 내게 전화해 오늘은 뭘 했고 어떠한 일이 있었는지 말하다 잠들곤 했다. 그렇게 듣는 그의 목소리는 미국에 있을 때보다 훨씬 밝았고, 그런 목소리를 듣는 것이 한편으론 좋았다.

그가 내가 없는 내 추억이 깃든 곳에 가 있을 때, 나 역시도 그가 없는 그의 추억이 깃든 곳에 혼자 가 있었다.

"Excuse me! Where is architecture building?"

나는 프린스턴 대학교에 갔다.

뉴욕에서 두세 시간 남짓 걸리는 뉴저지 주 프린스턴에 있는 프린스턴 대학교는 미국 사람들에게도 아름답기로 소문난 캠퍼스를 자랑하는, 아이비리그 소속의 학교다. 그 명성이 무색하지 않게 이곳은 내가 태어나서 본 학교 중 가장 예쁘고 아름다웠다. 학교 전체가 마치 고대 중세 고성 같은 비주얼이라 꼭 라푼젤이 살고 있을 것만 같았다.

사람들에게 물어 그가 대학시절 가장 오랜 시간을 보냈을 전공학과 건물에 찾아갔고, 건물을 발견했을 땐 나도 모르게 활짝 미소가 지어졌다.

모던한 건물답게 건축학과 건물이다.
하필 1층 로비 같은 곳에서 수업 중이었는데, 구경한답시고 들어가서
모두의 시선을 받았다. 이상한 아시아인 여자라고 생각할까봐
얼마나 종종걸음으로 나왔는지 모른다.

'넌 이곳에서 공부했구나.'

건축학과 건물 안은 학교가 아니라 마치 건축소 사무실을 연상케

했고, 한창 과제 중인지 모형을 들고 다니거나 도면을 그리고 있는 강

의실 안의 학생들을 볼 수 있었다.

건축학과 도서관이라는 곳에는 세상에 이렇게 건축에 대한 책이 많구나 싶을 정도로 전공서적이 많았다. 난 마치 건축학과 학생이라도 된 듯, 그곳에서 알아먹지도 못할 영어 서적을 30분 정도 읽다가, 아니 보다가 나왔다.

그리고 그가 대학 시절 중 한번은 앉아봤을 법한 벤치에 앉아보기도 하고, 그가 걸었을 길을 걸으며 그를 생각했다.

유명한 아이스크림 가게가 있다고 그랬는데, 대체 어디지?

"우리 학교 가면 유명한 아이스크림 가게가 있는데, 거기 아이스크림 꼭 사먹어. 그리고 돌아오는 버스는 정문 앞에서 타니까 참고하고."

유명하다는 아이스크림 가게 이름을 말해주지 않은 미스터 프린스턴 때문에 나는 벌써 몇 분째 아이스크림 가게를 찾으며 돌아다니고 있었다.

학교의 명소 정도로 유명한 아이스크림 가게일 것 같은데, 그렇게 유명한 곳이면 학생들이 다 알고 있지 않을까? 그때 마침 내 옆을 지나고 있는 여학생에게 길을 물었다.

"안녕! 내 친구가 이곳에 아주 유명한 아이스크림 가게가 있다고 하던데 혹시 알고 있니? 그가 내게 꼭 그 아이스크림을 먹어보라고 신신당부 했거든."

"음…… 아마 벤트스푼이 아닐까 싶어. 벤트스푼은 이 길을 따라 쭉

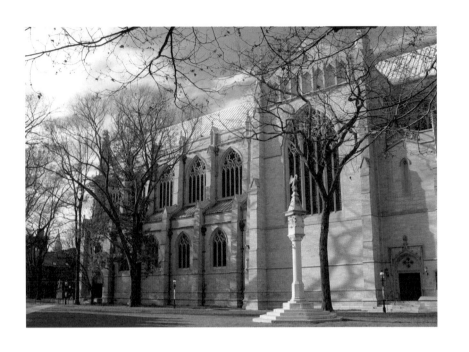

가서 왼쪽으로 돌면 돼."

　나는 벤트스푼이라는 아이스크림 가게를 결국 찾아갔고, 그곳에서 가장 인기 있다는 아이스크림 두 종류를 사가지고 나왔다. 아이스크림의 기준이 까다로운 미국에서는 우유가 일정 함량 이상 들어가야만 아이스크림이라는 명칭을 쓸 수 있다. 그 외의 유사류나 빙과류는 '바' 같은 명칭으로 대체해야 한다. 그만큼 아이스크림 기준이 까다로워서인지, 유명한 아이스크림 가게라는 벤트스푼 아이스크림은 한 입 넣자마자 부드럽고 진한 맛이 느껴진다. 군것질을 안 한다는 그가 왜 그렇게 먹어보라고 했는지 알 수 있을 것 같았다.

아이스크림 가게 앞에 있는 벤치로 가서 메고 있던 백팩을 베개 삼아 그대로 드러누웠다.

하늘이 너무 파랗고, 구름이 너무 하얗고, 그래서 너무 예쁜 하늘이 두 눈에 들어왔다.

꼭 뉴욕판 시월애 같다.

내가 없고, 그가 없는 곳에 우리는 가 있었다.

미스터 프린스턴은 날 종종 '촌년'이라고 놀리곤 했다. 그럴 때마다 나는 바짝 날을 세우고 외국 로맨틱 코미디 영화에서 하버드나 프린스턴 범생이들을 찐따처럼 묘사하는 것을 떠올리며 "뭐? 이 프린스턴 찐따야!"라고 응수하곤 했는데, 그때마다 그는 어이가 없다는 듯 피식 웃곤 했다. 프린스턴 찐따가 왜 나를 촌년이라고 했는지 이렇게 예쁘고 좋은 학교에 와보니 알 것 같았다.

'너 역시 NYU 애들처럼 정말 좋은 환경에서 공부하고 멋진 대학생활을 했구나.'

프린스턴 대학교는 굉장히 평화롭고 조용한 곳이었다. 시끄럽고 정신없는 뉴욕과 그 안에 있는 NYU와는 전혀 다른 느낌이다. 미스터 프린스턴은 늘 자신은 도시와는 맞지 않는 사람이라고 했다. 그래서 뉴욕도, 서울도 싫다고. 나중에 한국에 들어가면 시골에서 농사나 짓

실제로 보면 더 멋진 이 건물은 대체 무슨 학과건물인가 싶어
나중에 미스터 프린스턴에게 사진을 보내 물어본 곳이기도 하다.
그냥 강당이란다. 강당을 저렇게 멋있게 지어놓다니,
저 꼭대기에 꼭 라푼젤이 살고 있을 것만 같다.

고 살고 싶다고 말하곤 했는데, 그가 왜 그런 말을 했는지 이렇게 고요
하고 평화로운 곳에 와보니 조금 알 것 같았다. 그리고 그가 어떤 사람
인지도 아주 조금 알 것만 같았다.

"야! 넌 아이스크림 가게 이름을 말해줘야지. 이상한 곳에 가서 애

먼 것 사먹을 뻔 했잖아. 맛은 있더라!"

"그래서 우리 학교 가서 뭘 느꼈니?"

"네가 참 부럽다는 생각을 처음으로 해봤어. 내 생애 그렇게 예쁜 학교는 처음이었어. 그렇게 예쁘고 좋은 학교에서 열심히 학창 시절을 보냈을 네가 아주 조금 부러웠어."

"촌년."

"뭐? 이 프린스턴 찐따가!"

"그런데 거기 지금 몇 시지? 이야…… 내가 너한테 미국 시간을 다 물어보고. 웃기다."

"그러게. 내가 너한테 미국 시간을 다 말해주고. 웃기다. 참."

뉴욕으로 온 여자와 한국으로 간 남자의 통화는

서로의 시간을 잊은 채 한동안 계속 됐다.

남의 학교 가면서 그렇게 떨려본 적은 처음이었다.
함께 갔다면 더 좋았을텐데.

Pray For Paris

"속보입니다.

프랑스 파리 시내 여섯 곳에서 발생한 자살 폭탄 테러 및 대량 총격 사건은 이슬람 수니파 무장단체 IS가 자행한 것으로, 현재 사망자는 130명 이상이고 부상자는 300명 이상으로⋯⋯."

타국을 여행하는 도중에 듣는 유명 관광지 테러 소식은 충격이 조금 더 크다.

사람 많기로는 둘째가라면 서러울 만한 곳이 뉴욕이고, 게다가 이미 한 번 큰 테러가 일어나 실제 아픔을 느낀 곳이 아닌가. 뉴욕에 있는 동안 접한 파리 테러 소식은 남 일이 아니게 느껴졌고, 뉴욕 현지 사람들의 반응 또한 예사롭지 않았다.

"파리 테러 때문인지 숙박을 예약한 사람들이 전부 취소하고 있어. 심지어 지금은 성수기 시즌인데."

숙소 주인 언니는 그 사건이 있은 후 몇 차례 숙소 예약 취소 전화를 받았다. 뉴욕의 11월과 12월은 성수기 시즌인데도 예약 전화가 한 통도 걸려오지 않는다고 했다. 언론의 반응도 그렇고, 이미 사람들의 생각에도 뉴욕은 테러의 타깃이 되기에 충분한, 안전하지 않은 곳이었다. 이해가 가는 게, 뉴욕은 11월과 12월에 행사가 참 많다. 앞으로 추수감사절, 블랙 프라이데이, 크리스마스, 신년 볼드롭 행사 등등. 다시 말해 사람들이 길거리에 몰리는 큰 행사가 매우 많아 IS가 마음만 먹으면 테러를 자행하기 딱 좋은 시즌이었다.

"연지 씨! 오늘은 맨해은 나가지 마."
"왜요?"
"뉴스 기사 떴어. IS가 다음 테러 장소로 뉴욕을 지목했대. 그래서 당분간 맨해은 말고, 동네 주변 같은 사람들이 많이 없는 곳을 다니는 게 좋을 것 같아."
'오늘이 빅토리아 시크릿에서 행사 쿠폰 쓸 수 있는 마지막 날인데.

오늘 가야 하는데……'

나는 빅토리아 시크릿에서 속옷 한 벌을 사면 여분의 속옷 한 장을 더 챙겨주는 프리쿠폰을 가지고 있었고, 그날은 쿠폰을 쓸 수 있는 마지막 날이었다.

빅토리아 시크릿은 내가 머물고 있는 동네 주변에도 있었지만, 그곳은 그다지 크지 않은 규모의 매장이라 예전에 갔을 때 물건이 많이 없던 기억이 있어 썩 가고 싶지 않았다.

내가 가려고 했던 매장은 맨해은 헤럴드스퀘어^{Herald Square}에 있었다. 헤럴드스퀘어는 한인 타운이 있는 곳으로, 타임스스퀘어 버금가게 사람들이 많은 곳이다.

'IS가 바보도 아니고 테러 한지 얼마나 됐다고 또 폭탄을 터트리겠어. 괜찮을 거야!'

나는 예전부터 운명을 믿는 운명론자다.

내가 만약 오늘 테러로 죽는다면, 나는 그날 집에 있어도 죽을 운명이었을 것이라고 생각하는 속 편한 운명론자다. 조심하라고 주의를 준 숙소 언니의 충고에도 나는 속옷을 사겠다고, 프리 쿠폰을 쓰겠다고 겁도 없이 맨해은으로 나서고 있었다.

늘 나가던 맨해은이었지만, 그날은 분위기가 사뭇 달랐다.

NYPD가 사방에서 삼엄하게 경계를 하고 있는 중이었다. 그런

NYPD 주변을 영화에서나 본 큰 사냥개 두 마리가 지키고 있었다. 그 모습만으로도 광주 촌년인 내가 위화감을 느끼기엔 충분했다.

평소와 다른 맨해은 풍경에 덜컥 겁이 나 다시 숙소로 돌아갈까 살짝 고민도 했지만, 몇 발자국 떨어지지 않은 곳에 빅토리아 시크릿 매장이 보였다.

매장 앞에 걸린 큼지막한 광고판 속의 미란다 커가 날 향해 손짓하고 있었고, 결국 나는 그 손짓에 이끌리듯 프리 팬티 한 장과 목숨을 바꾸는 어쩔 수 없는 여자가 되고 있었다.

매장 안에는 나와 같은 여자들이 한 무더기였다.

여기저기서 눈이 뒤집혀 쇼핑 중인 여자들의 모습은 테러가 웬 말이냐, 지금 날 말리면 내가 테러를 일으키겠다 싶을 정도로 무시무시했고, 그녀들을 따라온 듯한 남편이나 남자친구들이야말로 정말 이러다 이 매장 안에 IS가 쳐들어와서 테러를 일으키면 어떡해야 하나 걱정하며 '속보! 뉴욕 빅토리아 시크릿 매장 대형 참사' 뉴스 속에서 여기저기 널브러져 있는 여자 속옷과 함께 자신이 죽어 있는 모습을 발견한다면 정말이지 끔찍할 것이라는 표정으로 매장 정문 앞을 가드들과 함께 지키고 있었다. 나는 그들에게 나의 안녕을 부탁하고 매장 전체를 휘젓고 돌아다니며 '테러' 또는 'IS'라는 단어를 머릿속에서 깨끗하게 지워감과 동시에 그 빈자리를 '신상' 또는 '볼륨업'이라는 단어로 채워가고 있었다.

쇼핑을 끝내고 다시 길거리로 나와서야 비로소 상황의 심각성을 깨달았다. 매장 안으로 들어가기 전까지만 해도 분명 통제된 길이 아니었는데 불과 한 시간 만에 통제되어 있었고, 사람들은 그 길을 피해 다른 길로 빠르게 걸음을 옮기고 있었다. 일렬로 쭉 늘어서서 이동 중인 사람들의 모습이 피난 행렬처럼 느껴졌고, 그제야 정신이 들어 나 또한 서둘러 걸음을 옮기려는데 갑자기 저편에서 큰 소리가 들렸다. 몇 명의 NYPD가 소리가 나는 곳으로 재빨리 뛰어갔고, 그들의 모습에 사람들은 조금씩 동요하고 있었다. 자칫 잘못하면 그곳에 있던 많은 사람들이 여기저기로 뛰다 서로에게 깔려 참사가 일어날 법한, 아비규환의 상황이 벌어질 수 있는 일촉즉발의 순간이었다!

그 중요한 순간에 난 내가 삶에 애착이 그렇게 강한 애인지 새삼 깨달았다.

난 정말 살고 싶었나 보다. 그 짧은 순간 동안 정말 지금 테러가 일어난다면 그 자리에서 쓰러져 죽은 척을 할 것인지, 아니면 도망칠 것인지, 그렇다면 지금 신고 있는 이 지랄 맞은 킬힐을 당장 벗어던져야 하는 것인지 오만가지 생각을 하고 있는데, 다행히 저 편에서 벌어진 소동의 주인공은 테러범이 아니라 소매치기였다.

메이시스 백화점 앞에서 한 흑인이 소매치기를 하다가 걸린, 한국으로 따지면 '도둑놈 잡아라!'의 순간이었던 것이다.

그 소리에 NYPD들이 뛰기 시작했고, 잘 모르는 사람들이 상황을 오해하기에는 충분했다.

나는 뒤도 안 돌아보고 빅토리아 시크릿 쇼핑백을 품에 꼭 껴안은 채 퀸즈로 돌아가는 지하철에 몸을 실었다. 잠시 잠깐 느꼈던 테러의 공포 때문에 한동안 심장은 계속해서 뛰었다. 그리고 앞으로 내가 뉴욕에 남아 있는 날 동안 예정되어 있는 뉴욕의 행사들이 전부 IS의 타깃이 되기에 충분하다는 데까지 생각이 이르렀을 때는 이미 항공사에 전화를 걸어 일정을 바꾸고 있었다.

"안녕하세요! 귀국 일정을 바꿀 수 있을까요?"

나는 숙소로 돌아오자마자 미스터 프린스턴 때문에 일찍 돌아가고 싶었던 귀국 일정을 생각지도 못한 IS 때문에 2주 앞당겼고, 그렇게 내 뉴욕 여행은 정확히 앞으로 한 달, 그러니까 귀국 날짜까지 딱 4주를 남겨 놓고 있었다.

V. New York!
넌 날 위해 존재해

Lucky girl의 끝판왕! 종지부를 찍다 I

사람 마음이 이렇게 간사하다.

화장실 들어갈 때 마음 다르고 나올 때 다르다는 말은 틀린 말이 아니다.

한국에 가고 싶어서 별의 별 핑계를 생각할 때는 언제고, 막상 여행 기간이 한 달밖에 안 남았다고 생각하니 뭔가 아쉽고 앞으로 남은 하루하루가 소중하게 느껴지면서 매일을 의미 있게 보내야 할 것만 같

있다. 그래서 난 남은 한 달을 완벽하게 즐기기로 마음먹었다. 그동안 사랑 찾아 뉴욕까지 와서 지지리 궁상을 떨었다면, 앞으로 남은 한 달 은 Only for me! 오직 나를 위한 시간을 보내다 돌아갈 거다.

"언니, 우리 오늘 클럽가요!"
"완전 콜!"

그렇게 마음먹고 나니 모든 게 즐겁기 시작했다. 게다가 오늘은 금 요일이다. 나라 불문! 금요일 밤은 언제나 옳다. 핫한 밤을 보내야 하 는 우리의 목적지는 첼시였다. 첼시는 뉴욕에 있을 때 내가 너무나도 좋아한 곳 중 한 곳으로, 맨해은보다 훨씬 트렌디하다. 젊고 감각 있는 아티스트들이 넘쳐나고, 약 400여 개의 갤러리가 있다. 입장료를 내지 않고 들어가는 갤러리가 많아 하루를 통으로 비워 갤러리 투어만 해 도 좋은 곳이다. 트렌디한 디자인 샵과 멋진 레스토랑, 브런치 카페를 비롯해 자유로운 분위기가 넘치는 첼시는 멋지고 시크한 뉴요커들의 아지트가 된지 오래고, 그래서인지 핫한 클럽 또한 많이 모여 있다. 뉴 욕의 가로수길이나 상수동 정도로 생각하면 되겠다. 가기 전에 잠깐! 원래 '가무' 앞에는 '음주'란 단어가 와야 완벽해지는 법이다. 우리가 가려 했던 클럽은 아직 오픈 전이었다. 오픈할 때까지 분위기 좋은 바 에 가서 칵테일이나 와인을 한 잔 하고 가는 게 어떻겠냐는 내 제안에

이곳은 첼시에서 유명한 루프탑 바다. 고층 창문으로 허드슨강 너머 맨해은 야경을 볼 수 있는데, 술에 취하고 그 야경에 한 번 더 취하게 된다. 분위기가 굉장히 좋으니, 뉴욕에 가면 꼭 들려보길!

모두 찬성했고, 우린 딱 봐도 로컬 느낌인 고급스럽고 분위기가 좋은 바를 찾아 들어갔다.

그때까지만 해도 난 그 제안이 어떠한 재앙을 초래할지 상상조차 하지 못했다.

우리가 주문한 술은 샹그리아.

스페인 술로 유명한 샹그리아는 포도주에 소다수와 레몬즙을 넣어 희석시켜 만든 술로, 여러 가지 과일을 넣어 차게 마시는 와인이다. 한국에서도 샹그리아는 내가 좋아하고 곧잘 마시는 술 중 하나다. 딱 하나, 이 술에 단점이 있다면 술 같지 않고 달달한 맛에 끊임없이 들어간다는 거다. 게다가 '금요일 저녁', '클럽 가기 전', '분위기가 정말 좋은 뉴욕의 어느 바'라는 이 세 가지 키워드는 여자 셋이서 가볍게 한 잔이 아닌 바틀 째 술을 마시게 하기에 충분했고, 나는 뉴욕에서 처음으로 정신을 잃어가고 있었다.

"언니! 괜찮아요? 클럽 갈 수 있겠어요?"

"아니, 못 가. 나 집에 갈 거야. 집에 가서 자고 싶어."

나는 취하면 잠이 미친 듯이 쏟아지는 스타일이다. 무조건 조금 취했다 싶으면 곧장 집으로 가야 한다. 안 그러면 다음날 익숙하지 않은

천장을 보며 눈을 뜨는 최악의 아침을 맞이하게 될지도 모른다.

기분이 좋은 탓에 샹그리아를 엄청 마셔댄 나는 결국 몸도 가누지 못할 만큼 취해버렸고, 숙소 친구들 역시 이런 나를 데리고 클럽에 가면 안 되겠다 싶었는지 바에서 나와 택시를 타고 우린 다시 숙소로 돌아와야 했다.

"오늘 나 때문에 클럽 못 가서 정말 미안."

숙소에 도착한 우리는 굿나잇 인사를 하고 각자의 방으로 들어갔는데, 들어간 지 2분이나 됐을까?

"애들아, 내 핸드폰 어디 있냐?"

"언니 핸드폰 없어요? 손에 쥐고 있었잖아요."

"없어. 내 손에도 없고. 가방에도 없고. 코트에도 없고. 어디 있냐? 내 핸드폰?"

나는 눈과 혀가 풀릴 만큼 풀린 상태로 몸도 가누지 못해 비틀거리며 핸드폰을 찾았고, 숙소 주인 언니와 친구들은 새벽 두 시에 내 핸드폰의 행방을 찾아야 했다.

"아무리 전화해도 안 받는데?"

"택시에 두고 내린 거 아니야?"

숙소 주인 언니와 친구들은 날 위해 감사하게도 벌써 몇 통 째인지 모를 만큼 계속해서 내 핸드폰에 전화를 걸고 있었고, 택시에 두고 내린 건 아닌지, 아니면 아까 그 바에 두고 온 건 아닌지, 길에다 떨어트린 건 아닌지 등의 갖은 경우의 수를 생각하며 내 핸드폰의 행방을 찾으려고 애쓰고 있었다. 그리고 그 옆에서 나는 되게 별로였다. 소파에 시체처럼 쓰러져서는 "내 핸드폰…… 미안……"이라고 웅얼거리며 핸드폰을 찾는 데는 아무런 도움도 되지 않고 있었으니.

"일단 지금 새벽 두 시여서 무슨 조치를 취하는 건 무리니까 자자. 연지 씨도 얼른 들어가서 자. 너무 취했어. 전화 여러 통 남겨놨으니까 누군가가 가지고 있으면 연락이 올 거야."

우리는 다시 각자의 방으로 들어갔고, 소동의 중심이었던 나는 어떻게 잠이 들었는지도 모르게 곤히 잠이 들었다.

Lucky girl의 끝판왕! 종지부를 찍다 Ⅱ

"나 어제 그렇게 많이 취했었니?"

날이 밝자마자 내 핸드폰 찾기 미션이 또 다시 시작되었다. 새벽에 내 번호로 룸메에게 전화 한 통이 걸려왔다는 소식에 벌써 숙소 친구들이 다시 내 핸드폰에 전화한 횟수만 50통이 족히 넘어가고 있었지만 연결은 한 통도 되지 않았다. 꿈이었다면 좋았을 법한 새벽의 사건은 아침이 되어서도 변한 것 없이 그대로였고, 선명한 정신으로 현실을 받아들이려니 충격이 더 크게 다가왔다.

어제 대체 난 얼마나 취한 걸까? 그 정신에 핸드폰이 없어진 걸 알아차린 것도 대단하다.

어떻게 여행 와서 도난도 아니고, 술 먹고 핸드폰을 잃어버릴 수 있는지 한심하다고 한참 생각하고 있는데 어젯밤을 함께한 숙소 친구의 다음 말은 가히 죽고 싶은 생각까지 들게 했다.

"언니 어제 길바닥에 앉아가지고 홈리스 행세 한 건 기억나요?"

"길바닥? 홈리스?"

"어제 그 바에서 나와서 택시 잡고 있는데 언니가 혼자 길 바닥에 앉아 있기에 뭐하냐고 그랬더니 언니가 나는 홈리스라고……."

"악! 그만 얘기해!"

그 순간 잃어버린 퍼즐이 맞춰지듯, 장면 하나가 빠르게 내 머릿속을 스치고 지나갔다. 첼시 길 한복판에 트렌치코트를 입고 앉아서는 "난 홈리스야! 난 홈리스다!"라고 하던 내 모습. 주인 언니와 룸메이트는 나의 지난밤 추태를 듣고는 박장대소를 했고, 나는 정말 핸드폰이고 뭐고, 이제 그만 여권을 챙겨 한국으로 돌아가는 것이 맞는 게 아닐까 진지하게 생각했다.

"연지 씨, 그냥 마음을 비워. 사실 한국에서 잃어버려도 찾기 어려운데 여기는 뉴욕이야. 뉴욕에서 핸드폰 잃어버리고 찾을 수 있겠어?"

"그래도 찾아줄 마음이 있으니까 새벽에 전화 한 통 한 거 아닐까요?"

"그야 모르지. 이것저것 만지다가 잘못 건 걸 수도 있고. 찾아줄 마음이 있는 사람이 이렇게 전화를 안 받아? 벌써 몇 통을 했는데."

숙소 친구와 주인 언니는 그래서 핸드폰을 찾을 수 있다, 없다로 이제 의견이 분분하게 갈리고 있었고, 그들이 서로의 의견을 주고받는 동안 나는 혼자만의 생각에 빠져 들었다.

'못 찾으면 부모님께 대체 뭐라고 말하지? 걱정하실 텐데. 그리고 미스터 프린스턴은?' 나는 그 와중에도 미스터 프린스턴과의 연락두절을 걱정하고 있었다.

"생각해봤는데 핸드폰 유심으로 위치추적 할 수 있지 않을까? 유심 샀던 통신사에 가서 위치 추적을 부탁하고 싶은데, 난 영어를 잘 못 하잖아. 같이 좀 가줄 수 있니?"

나는 영어를 잘하는 룸메에게 함께 통신사에 가달라고 부탁했고, 내 말을 곰곰이 듣던 룸메는 갑자기 자신의 노트북으로 뭔가를 찾아보더니 내게 구글 계정이 있냐고 물었다.

"언니! 혹시 구글에 아이디 있어요? 거기 언니 핸드폰 번호가 등록되어 있으면 구글에서 안드로이드 기기 위치추적이 가능하다는데?"

나는 서둘러 구글에 로그인했고, 룸메의 말대로 안드로이드 기기 위치추적은 가능했다! 실낱같은 희망이 보이나 싶었는데, 구글에서 보여주는 안드로이드 기기 위치추적 시스템은, 정확하게 기기가 있는 주소를 말해주는 것이 아니라, 기기가 있다는 50미터 전방 내외까지만 가리켰다. 구글이 가리킨 곳은 숙소에서 지하철로 약 한 시간 정도 떨어진 곳이었다. 전날 택시에 핸드폰을 두고 내렸을 거라고 추측하던 나는 저곳이 분명 택시 기사가 사는 동네일 거라고 확신했다.

"난 지금 저기로 가야겠어!"

나는 무턱대고 핸드폰이 있는 곳의 50미터 근방이라는 위치 정보 하나만으로 어딘지도 모르는 낯선 동네에 찾아갈 채비를 했고, 그 순간 나의 룸메는 내 심금을 울렸다.

"언니! 같이 가요!"

룸메는 이 무모한 핸드폰 찾기 미션에 선뜻 동참해주었다. 그것만으로도 고마워서 눈물이 날 지경인데, 그녀는 이동하는 택시비까지 자신의 돈으로 지불했다.

"야! 이걸 왜 네가 내!"

"오늘 찾을 수 있을지 없을지 모르겠지만 만약 찾으면 맛있는 거나 사줘요."

그녀는 뉴욕 엔젤임이 틀림없다. 내가 한창 감동에 젖어있을 때, 이성적인 나의 룸메는 유창한 영어실력으로 택시기사에게 어젯밤 내 친구가 핸드폰을 택시에 두고 내려서 그러는데 혹시 택시 기사의 핸드폰 번호를 알 수 있는 방법이 있냐고 물었고, 기사는 택시비를 지불한 영수증을 가지고 있다면 영수증 하단에 있는 택시 회사 번호로 전화를 해 택시 정보를 조회하면 가능할 거라고 대답했다. 그 광경을 지켜보고 있자니 슬슬 핸드폰을 찾을 수 있는 길이 보이는 구나 싶었는데, 젠장! 금요일은 항상 옳다고 했던 말 취소다! 하필 어제가 젠장할 금요일이라 오늘은 토요일이다. 아무리 택시 회사에 전화를 해도 받지를 않는 것이다.

우린 낯선 동네에서 그렇게 갈 곳을 잃은 채 서로 아무 말 없이 한참을 서 있었다.

동네는 번화가도 아니었고, 군데군데 조그마한 상점이 있는 허름한 주택가였다.

"언니, 이제 어떡하죠?"

"여기까지 왔는데 어떡하긴! 다 뒤질 거야! 일단 동네를 돌면서 주차되어 있는 옐로우 캡(뉴욕 택시)을 찾아보자."

나와 룸메는 옐로우 캡이 주차된 집을 찾기로 했다. 어느새 30분 넘게 동네를 돌고 있었지만 한 대도 찾지 못 했다.

"언니! 어제 옐로우 캡 탄 건 맞아요? 옐로우 캡 말고 다른 택시 탄 거 아니에요?"

"사실…… 기억이 잘 안 나. 어제 너무 취해서."

한국과 마찬가지로 뉴욕엔 옐로우 캡만 있는 것이 아니다. 사실 난 어제 인사불성이 된 상태로 길바닥에서 홈리스 놀이를 하다 택시에 구겨 '태워진' 몸이기 때문에 옐로우 캡을 타고 왔는지, 다른 택시를 타고 왔는지 기억이 잘 나지 않았다. 그 순간 저 멀리 노란 택시 한 대가 보였고, 우린 사막에서 오아시스라도 발견한 것처럼 택시 앞으로 돌진했다. 나와 룸메는 마치 살인 사건 용의자를 찾는 형사처럼 택시 주변을 뺑뺑 돌며 택시 안을 들여다보고 택시 기사의 핸드폰 번호를 찾아내려 했지만, 어디에도 정보는 없었다. 그리고 그때, 차 주인이라며 우리에게 다가온 남자는 수상한 눈초리로 무슨 일이냐고 물어왔다.

"어제 내 친구가 핸드폰을 택시에 두고 내렸는데 위치추적을 해보니까 이 주변이라고 나와서 핸드폰을 찾고 있는 중이었어. 혹시 분실된 핸드폰 있었니?"

룸메의 질문에 그는 자기는 모르는 일이라고 답할 뿐이었다.

동네만 오면 당연히 찾을 수 있을 거라 생각했는데, 50미터 근방이라는 정보가 이렇게 광범위한 정보였는지 새삼 깨달았다.

동네를 거의 한 시간째 돌아다니며 심지어 세차 중이던 동네 주민에게까지 핸드폰 행방을 묻고, 이 동네에 사는 택시 기사를 아는지 수소문했지만 별다른 소득은 없었다. 그때 아주 큰 주유소가 내 눈에 들어왔다. 이 동네 사는 사람치고 저 주요소에서 주유를 안 하는 사람이 과연 있을까 싶을 정도로 동네 바로 정중앙에 위치한 주유소였고, 저곳에 가면 뭔가 도움을 받을 수 있을 것만 같았다.

하지만 내 기대와는 달리, 이 동네의 주유란 주유는 전부 다 할 것 같은 주유소 사장에게 건 기대 역시 "이곳엔 택시 기사가 살지 않아. 핸드폰을 잃어버린 건 정말 유감이다"라는 실망으로 돌아왔다. 실망한 기색을 역력히 보이며 돌아서려는데 남자는 핸드폰이 길바닥에 떨어져 있을 확률이 높다며 길바닥을 살펴보라고 했고, 그렇게 10분가량을 주유소 사장과 주유소 사장의 친구, 나와 룸메 이렇게 넷은 동네 길 바닥만 쳐다보며 좀비처럼 돌아다녀야 했다. 모르긴 몰라도 멀리서 제3자가 이 모습을 보고 있었다면 얼마나 웃겠을까?

"도와준 건 고마워. 그런데 내 생각에 길바닥은 아닌 것 같아."

땅바닥만 보고 걸은 지 15분째가 되려고 할 때 이게 무슨 바보 같은 짓인가 싶어 그들에게 감사의 인사를 전하고 룸메와 나는 다음 장소로 이동했다.

마음 같아서는 그 동네 집집마다 전부 노크를 하고 핸드폰 행방을 물어보고 싶었지만 현실적으로 무리였고, 슬슬 룸메에게 미안한 마음이 들어 동네 안에 있는 몇 안 되는 상점만 마지막으로 체크하고 돌아가기로 했다. 문구사로 보이는 첫 번째 상점 안에는 덩치 큰 성인 남자 두 명이 카운터를 지키고 있었다. 우리는 벌써 몇 번째일지 모를 똑같은 멘트로 상황을 설명했고, "안 됐다. 우린 네 핸드폰에 대해선 몰라. 그런데 뉴욕에서 핸드폰을 잃어버렸다면 그냥 포기해. 찾을 확률은 0퍼센트야"라는 대답만이 돌아왔다.

도움은 되지 못할망정, 응원을 해줘도 시원찮을 판국에 기운 빠지는 소리나 하고 있는 남자 두 명이 너무 얄미웠지만, 틀린 말은 아니었기에 나와 룸메는 고맙다는 인사를 하고 상점을 나왔다. 바로 옆 두 번째 상점에서도 마치 첫 번째 상점과 짜기라도 한 듯이 단호한 표정으로 똑같은 말을 하는 주인을 볼 때는, 목구멍까지 '너냐? 네가 가져갔냐?'라는 말이 올라왔지만, 입가에 씁쓸한 미소만을 지은 채 나올 수밖에 없었다. 어느새 핸드폰을 찾아 낯선 동네에서 낯선 사람들에게 도움을 청하며 돌아다닌 지 두 시간이 되어가고 있었다. 정말 마지막이라고 생각하고 들여다본 세 번째 상점 안에는 아시아인 사장님이 계셨다. 사장님과 눈이 마주친 나는 조그마한 슈퍼마켓 같은 상점 안으로 조심스레 들어갔다. 아시아인으로 보이기는 했지만 한국 사람인지는 확인된 바가 없으니 영어로 먼저 사정을 설명했다. 사장님은 내 이야기를 듣고는 도와주고 싶지만 핸드폰의 행방은 모르겠다며 안됐다고 했다. 나는 그가 왠지 한국인일 것 같은 느낌에 "Are you

Korean?"이라고 물었고, 그는 그렇다고 했다.

"와, 한국분이셨구나. 안녕하세요!"

핸드폰을 찾고 못 찾고를 떠나서 한국 사람을 만났다는 사실이 내 속을 사이다를 마신 듯 뻥 뚫리게 만들었다. 그는 내게 뉴욕까지 여행 와서 핸드폰을 잃어버려 어떡하느냐며 더 큰 피해를 막으려면 통신사에 가서 핸드폰을 정지 시키는 것이 맞는 것 같다는 등의 여러 현실적인 조언을 해줬다. 그의 조언이 감사한 건 맞지만 결국 핸드폰을 못 찾고 이렇게 돌아간다는 것에 실망한 마음이 고스란히 표정에 드러났는지, 룸메는 나를 위로하려고 뭐 좀 마시지 않겠냐고 했다. 먼저 그녀를 챙기지 못한 미안함에 얼른 냉장고 안에 있는 주스 두 병을 꺼내 카운터로 가져갔다.

"얼마예요?"

내 질문이 끝남과 동시에 나는 생각지도 못 한 뉴욕 엔젤 2호를 만날 수 있었다.

"오늘 당신의 하루에 행복한 일도 있어야 하지 않겠어요?
가뜩이나 핸드폰 잃어버려서 속상할 텐데. 그냥 마셔요."

세상에······. 아직 세상은 따뜻하고, 그 세상 안에는 좋은 사람이 참 많다.

그의 한 마디는 온종일 핸드폰을 찾으러 돌아다니느라 지친 몸과 마음을 어루만져주기에 충분했고, 심지어 착하게 살아야겠다는 생각까지 들게 했다.

마음만으로 충분히 감사하다며 주스 값을 지불하겠다고 했지만 한사코 거절하시며 나와 룸메에게 프리주스를 선사해주신 마음씨 착한 코리안 사장님, 복 받으실 거예요! 우린 사장님께 감사인사를 하고 상점에서 나와 골목 모퉁이 길가에 쭈그려 앉아 프리주스를 마시며 간만의 휴식을 취했다.

온종일 날 따라다니며 고생한 룸메에게 미안해 내일 혼자라도 다시 와야겠다는 생각을 하며 이제 그만 돌아가자고 말했다. 세 번째 상점에서 나온 지 5분이나 됐을까? 그렇게 돌아갈 채비를 하는데, 방금 전 만난 한국인 사장님이 우리가 아직 안 간지는 어떻게 알고 우리 쪽으로 와서는 "핸드폰이 혹시 무슨 색이에요?"라고 하는 거다.

"흰색이요!"

그는 내 대답이 끝나자마자 다시 가게 안으로 잠깐 들어와 보라고 했고, 룸메와 나는 무슨 일인가 싶어 서둘러 상점 안으로 들어갔다.

그때부터 말도 안 되는 기적 같은 일이 내게 펼쳐졌다.

상점 안에는 우리만 있던 것이 아니었다. 사장님 옆에는 함께 일하던 직원 한 명이 있었고, 외국인인 직원은 좀 전에 우리가 한국말로 얘기를 나누는 바람에 무슨 말인지 알아듣지는 못 했지만 느낌상 무슨 일이 있다고 생각을 했는지 우리가 나가자마자 사장님께 무슨 일이냐고 물었고, 사장님은 내 사정을 설명했다. 그랬더니 갑자기 그 직원이 "오늘 출근하기 전에 동네에서 핸드폰 하나를 주웠는데 혹시 그건 아니겠지?"라고 했다는 거다! 우린 그 직원이 가방 안에 넣어뒀다는 핸드폰을 가지고 나오기를 숨죽여 기다렸다. 그리고 머지않아 그가 들고 나오는 핸드폰이 내가 잃어버린 핸드폰이라는 사실을 확인할 수 있었다.

그가 핸드폰을 흔들며 "네 거야?"라는 말이 채 끝나기도 전에, 나는 "꺅!" 하고 소리를 질렀으니, 그것만으로도 상황은 종료였다.

이게 정말 있을 수 있는 일일까?

나는 핸드폰을 택시 안에 두고 내린 것이 아니라 택시에서 내려 집으로 걸어오는 길에 떨어트렸고, 하필 내 핸드폰을 주운 사람이 나와 같은 동네에 살던 이 상점의 직원이었던 것이다. 핸드폰을 찾아 뛸 듯이 기뻐하는 나를 보고 한국인 사장님 역시 "정말 이런 일이 있을 수 있나 싶네요"라고 말씀하셨고, 이 상황이 믿기지가 않는 건 나와 룸메도 마찬가지였다.

직원은 핸드폰을 줍자마자 찾아주려고 전화를 했지만 잠이 든 룸메는 그 전화를 받지 못했고, 우리가 수십 통의 전화를 했을 때는 그가 일하고 있을 때라 가방 속에 있던 핸드폰을 신경 쓸 겨를이 없었던 거다. 나는 직원에게 사례를 하고 싶었는데, 그는 핸드폰을 돌려줄 수 있어 다행이라는 말만 내게 남겼다. 뉴욕 엔젤 3호를 만난 순간이었다.

숙소로 돌아온 나는 함께 핸드폰을 찾아준 룸메에게도, 지난 새벽부터 함께 걱정해준 숙소 사람들에게도 고마운 마음에 그날 저녁 피자를 샀고, 핸드폰을 찾은 사연을 들은 숙소 사람들은 그게 정말 있을 수 있는 일이냐며 모두 혀를 내둘렀다.

그러게 말이다. 이게 정말 있을 수 있는 일인가 싶다.
난 아무래도 정말 럭키걸이 틀림없나 보다.
그게 아니라면, 뉴욕이 나의 행운의 도시였든가!

유연천리래상회 무연대면불상봉

중국 속담에 이런 말이 있다.

'유연천리래상회 무연대면불상봉(有緣千里來相會 無緣對面不相逢)'

인연이 있으면 천 리를 떨어져 있어도 만나지만,
인연이 없으면 얼굴을 마주하고서도 만나지 못한다.
즉, 다시 말해 '만나게 될 사람은 반드시 만난다'라는 뜻이다.
핸드폰을 극적으로 찾으면서 느낀 것이 하나 있다면, 나는 아무래도 그날 핸드폰을 찾을 운명이었고, 핸드폰은 내게 돌아올 운명이었던 것 같다.

아마 그날, 핸드폰을 못 찾았어도 그 다음날이라도 난 핸드폰을 찾았을 것이다.

결국 다시 내게 돌아와 이렇게 버젓이 눈앞에 놓여 있는 핸드폰을 몇 분 째 멍하니 쳐다보고 있었다. 하다못해 뉴욕 길바닥에서 잃어버린 핸드폰도 이렇게 찾는데. 그와 난 정말 아닌 걸까? 인연인 사람끼리는 태어날 때부터 새끼손가락에 붉은 실이 이어져있다는데, 우리에겐 그 붉은 실이 없는 걸까? 아니면 1킬로미터 근방 사람들만 서로에게 알려주는 어플에서 1만 킬로미터 거리에 있는 우리가 서로를 알게 됐다는 것만으로도 인연이라면 인연인데, 그는 이미 오래전에 놓은 실 끄트머리를 나 혼자서 억지로 붙잡고 있는 건 아닐까? 정말 그것도 아니라면 인연은 타이밍이라는데, 우리가 이미 그 시기를 지나친 것은 아닐까? 너와 내가 처음 연락이 닿았을 때, 그때 만약 내가 뉴욕으로 여행을 왔다면 어땠을까? 네가 4일 동안 한국에 왔을 때, 그때 우리가 엇갈리지 않고 만났더라면 어땠을까? 우리의 타이밍은 이미 그렇게 끝나버린 것은 아닐까? 오만가지 생각이 머릿속을 시끄럽게 했다.

겨울에는 무료로 개장되는 아이스링크. 저곳에서 꼭 스케이트를 타고
싶었는데, 커플들과 부모님 따라 온 꼬마들이 득실거리는 저 곳에서 혼자
스케이트를 탈 엄두가 차마 나지 않았다. 김연아 선수처럼 잘 타지도
못하는데 혼자 타다가 행여 넘어지기라도 한다면, 상상만으로도 끔찍하다.
그래도 한편으로는 타고 올 걸 아쉬움이 많이 남는다.

날이 좋아 브라이언트 파크에 나왔다.

센트럴파크 다음으로 뉴요커들이 좋아한다는 브라이언트 파크는
뉴욕에서 내가 가장 좋아하는 장소로, 맨해은 한복판에 있는 공원이
다. 고층 빌딩 숲에 둘러싸여 있는 그곳에 가면 뉴요커들의 삶이 보인

다.

여기저기에는 아기자기한 샵들이 늘어서 있고, 공원의 정중앙에는 겨울에 아이스링크가 생긴다. 스케이트를 빌리는 렌탈 비용만 내면 무료로 아이스링크를 이용할 수 있다.

공원을 둘러싸고 있는 벤치에는 누군가를 기다리는 사람, 점심을 먹는 사람, 운동을 하는 사람, 나처럼 혼자만의 시간을 보내는 사람……, 아! 잊을 뻔 했다. 살찐 비둘기까지. 그곳은 언제나 붐빈다.

아이러니하게 그렇게 붐비는 와중에도 일상 속 여유가 느껴지는 곳

이 바로 브라이언트 파크다. 뉴욕은 도심 속 공원이 많은데, 바쁜 일상 속에서 잠시라도 쉬어가라는 뜻인 듯하다. 그리고 실제로 분명 1분 전까지만 해도 정신없는 도시 안에서 허우적거리다가 바로 옆 공원으로만 들어가도 다른 세상에 온 듯, 고요하고 한가로운 분위기를 느낄 수 있다. 이렇게 화려함과 여유로움이 공존하는 곳이 바로 뉴욕이다.

그런 뉴욕 하늘 아래 앉아 있으니, 새삼 웃기다.

내가 뉴욕에 있다니.

누군가는 내게 말한다.

인생을 송두리째 흔들어놓는 사랑을 일생에서 한 번 만나는 것만으로도 행운이라고.

단 한 순간도 그 사랑을 경험하지 못 하는 사람도 있다고.

글쎄, 어쩌면 모두의 인생에 꼭 영화처럼 인생을 송두리째 흔들어놓는 사랑이 한 번씩은 해프닝처럼 찾아오는지도 모른다. 그 해프닝을 해프닝으로 넘기지 않고, 피하지 않고, 끝까지 부딪혀서 해피엔딩으로 끝내느냐, 헤픈엔딩으로 끝내느냐를 결정하는 것이 각자의 선택일 뿐.

그와 어플에서 우연히 만났지만, 미국에 있다는 그와 연락을 계속할 것인지, 말 것인지의 선택은 분명 내가 한 것이다. 그리고 그 선택

브라이언트 파크에서 보이는 엠파이어스테이트 빌딩.

이 내 인생을 송두리째 흔들어놓는 사랑이 되게 만든 것이고, 결과적으로 뉴욕까지 오게 했다. 만약 내가 미국에 있다는 남자와의 연락은 위험하고, 부질없고, 자신이 없다는 판단 하에 애당초 그와 시작조차 하지 않았더라면 아마 그와의 만남은 그날 하루 해프닝에 지나지 않았을 것이다.

"네가 뉴욕에 있다니. 뉴욕, 뉴욕 거리지만 말고, 있는 동안 너의 시야가 뻥 뚫렸으면 좋겠다."

미스터 프린스턴 역시 내가 뉴욕에 있다는 게 믿기지 않나보다. 그리고는 한국에 있을 때처럼 뉴욕, 뉴욕 거리지만 말고, 있는 동안 잠깐 쉬는 시간이라 생각하고 시야가 트여 돌아가면 좋겠다는 말도 덧붙였다. 그의 말처럼 시야가 트였는지는 모르겠으나 한 가지 확실한 건 난 어느새 이곳이 점점 좋아지고 있었다.

정신을 쏙 빼 놓을 만큼 시끄럽고 눈이 번쩍 떠지게 할 만큼 화려하지만, 사실 안에는 아주 고요하고 깊은 외로움이 있는 곳. 뉴욕은 어쩌면 나와 닮았는지도 모른다.

큰일이다. 이러다 여기 쭉 눌러 살고 싶어지면 어쩌나.

그 순간, 멋지게 슈트를 차려입은 백인 남자와 눈이 마주쳤다.

"Hello, Pretty."

세상에, 'Hello, pretty'라니.

지금 이 시각, 한국에 있었다면 내가 이렇게 어느 화창한 오후에 한가로이 공원에서 멍 때리다 'Hello, pretty' 만큼이나 근사한 말을 들을 수 있었을까? 그렇게 중요한 사실 하나를 깨달았다. 이제는 그와 인연이냐 아니냐, 그래서 만나냐 못 만나냐가 더 이상 중요한 게 아니라는 것을. 수많은 사람과 얼굴을 마주하고 눈빛을 주고받아도 가슴이 좀처럼 쉽게 반응하지 않던 내가 얼굴 한 번 안 본 남자에게 가슴이 뛰게 될 줄도 몰랐고, 서로 다른 시간 안에 사는 남자와 같은 시간에 머물기를 진심으로 바라게 될 줄도 몰랐고, 그것 때문에 누군가를 만나려고 14시간 동안 11000킬로미터를 날아오게 될 줄도 몰랐다.

나는 이미 일생에 한 번 있을까 말까한 사랑을 경험했고, 그는 먼 훗날 내 20대를 추억할 때 '나 참 사랑 앞에 용기 있었다. 영화처럼 사랑하던 시절이 내게도 있었구나'하고 추억할만한 가치 있는 기억을 줬다.

유연천리래상회면 좋겠지만
무연대면불상봉이면 어떠하리.
좋아하는 노래 가사처럼,
길을 걷다 마주치는 많은 사람들 중에
그댄 나에게 사랑을 건네 준 사람이고,
늘 꿈꿔왔던 뉴욕에 올 수 있는 용기를 준 사람이다.

그것만으로, 감사합니다.

피자 두 조각이 21불?

사기는 나 같은 애한테 치라고 있는 것 같다.

어떻게 피자 두 조각이 21불이라는데 의심 한 번을 안 할 수 있을까?

　브루클린 브릿지 아래에는 뉴욕의 3대 피자집 중 한 곳이 있다.

　바로 그리말디 피자. 정확한 명칭은 Grimaldi's pizzeria.

　브루클린 브릿지 야경을 보기 전에 금강산도 식후경이라고 종일 주린 배부터 채워야겠다 싶어 오늘 동행하기로 한 룸메와 함께 그리말디 피자집으로 향했다.

　그리말디 피자집 바로 옆에는 또 하나의 피자집이 있는데, 뉴요커

들은 모두 그 집을 간다고 한다. 이미 오랜 시간 뉴욕에 머문 룸메는
그 집에서, 나는 그리말디에서 한 조각씩 테이크아웃해 브루클린 브
릿지 야경과 함께 맛있는 저녁 한 끼를 즐기기로 했다.

"안녕! 이 집에서 제일 유명한 피자가 뭐야?"

이 집에서 가장 유명한 피자를 추천해달라는 내 말에, 종업원은 까
르보나라 소스 위에 머쉬룸이 올라간 피자와 토마토소스를 베이스로
한 피자를 추천했다.

"오케이! 그럼 그걸로 줘!"

"두 가지 섞어서?"

"응!"

나는 그녀가 추천해 준 피자 두 종류를 각각 한 조각씩 주문했고, 피
자 두 조각의 가격은 21불이었다. 21불이면 한화로 2만2천 원이 넘는
다. 꼴랑 피자 두 조각에 21불이라니. 역시 유명한 피자집이라 가격부
터 다르구나. 비싼 만큼 맛있을 거란 생각과 기대를 하며 웨이팅 좌석
에 앉아 있는데, 옆집에서 피자를 사와야 할 룸메가 빈손으로 급하게
들어왔다.

"언니! 여기는 슬라이스 된대요?"

"응! 그래서 두 조각 주문했는데? 왜? 저 집은 안 된대?"

"엥? 여기도 슬라이스 안 된다는데요?"

룸메는 내가 앉아있는 좌석 바로 앞에 붙어 있는 메뉴판에 'NO SLICES'라고 적혀 있는 글을 가리켰다. 그럼 내가 주문한 피자는 뭐야? 내 21불은?

룸메는 얼른 종업원에게 다시 가 주문 내역을 확인했고, 이미 오더가 들어간 피자 두 조각은 몇 분 뒤, 그녀가 추천해준 두 가지 종류의 피자가 'half and half'로 들어있는 한 판이 되어 내 눈앞에 나왔다.

그리말디 피자 한 판의 크기는 어마어마하다. 박스 사이즈부터 남다른 뜨끈뜨끈한 피자 한 판을 옆구리에 끼고 어색하게 웃고 있는 나를 본 룸메는 조심스럽게 입을 열었다.

"언니. 보통 피자 두 조각에 21불이라고 하면 사람들은 이상하다고 생각을 하거든요?"

"음…… 나는 그냥. 유명한 피자집이라서 한 조각당 만 원 꼴인 줄……."

"……."

어이가 없어도 너무 없다는 표정으로 날 바라보는 그녀의 얼굴을 바라보자니, 나 역시 무안하긴 마찬가지다. 이런 상황에 써먹으라고 있는 마법 같은 한마디가 바로 이거다.

"야! 이게 다 추억이지. 가자, 야경이나 보러!"

석양이 질 때 다리를 건너고 있으면, 하나 둘씩 불이 켜지는
맨해은 빌딩들을 볼 수 있다. 곧 다리 위에 빛만 드리워질 것이다.

브루클린 브릿지를 건너며 먹는 그리말디 피자는 정말 환상이었다.

토마토소스의 진하고 깊은 맛이 입 안에서 계속 맴도는 피자는 28년 인생 처음이었다. 나는 무려 네 조각이나 게 눈 감추듯 먹어댔다.

"와. 진짜 맛있어! 왜 뉴욕 3대 피자집이라고 하는지 알겠네!"

룸메는 내 곁에서 나와 조금 거리를 두고 걷고 있었다. 어마어마한 사이즈의 피자 한 판을 옆구리에 끼고, 한 손에는 피자 한 조각을 들고, 입에는 이미 늘어날 대로 늘어난 치즈를 물고 좋아하고 있는 내가 퍽 부끄러웠나 보다. 솔직히 말하면 지나가는 사람들이 나를 힐끗거

브루클린 브릿지 아래에는 브루클린 브릿지 파크가 있다.
이곳에는 페리를 타는 선착장이 있는데, 페리를 타고 맨해튼 야경을 볼 수도 있
다. 브루클린 브릿지 파크에서 보는 맨해튼 야경은 브루클린 브릿지 위에서 보
는 야경의 모습과 또 다르다. 강 너머로 보이는 맨해튼 야경을 한 눈에
담을 수 있는 곳으로, 적극 추천한다.
브루클린 브릿지 파크에는 유명한 아이스크림 가게가 있다.
한화로 한 스쿱에 5천 원 정도 했던 것 같은데, 비싼만큼 맛있다.
유명한 아이스크림 가게라고 하니, 달콤한 아이스크림과 함께 브루클린
브릿지 야경을 즐기는 것도 나쁘지 않다.

리는 눈빛을 두 번, 아니 세네 번 느낀 것도 사실이지만, '피자가 맛있
어 보이나보다'라고 생각하며 그들의 시선을 애써 외면하는 중이었다.

사진을 발로 찍는 내가 찍었는데도 잘 나온 맨해은 야경 인생샷.
아무렇게나 들이대도 한 폭의 그림 같다. 브루클린 브릿지만 건너지 말고,
꼭 브루클린 브릿지 파크도 가보시길!

브루클린 브릿지는 해가 질 때쯤 석양을 보고 건너, 야경을 보며 다시 반대편으로 돌아오는 코스가 가장 베스트라고 한다. 실제로 브루클린 브릿지에서 보는 뉴욕의 야경은 마치 내가 그림 속에 있는 것 같다. 뉴욕 엽서의 배경으로 빠지지 않고 등장하는 브루클린 브릿지 야경을 이렇게나 가까이서 보고 있노라면, 뉴욕의 마천루 속으로 빨려들어갈 것만 같다. 개인적으로는 탑오브더락 전망대에서 돈 내고 본

야경보다 브루클린 브릿지에서 본 야경이 훨씬 멋있었다. 그리고 서울의 남산타워처럼 연인들이 서로의 이니셜을 새겨 주렁주렁 매달아 놓은 자물쇠를 볼 수 있는데, 브루클린 브릿지의 또 다른 볼거리다.

"나도 너랑 나중에 저거 하고 싶어!"

그와 연락하던 초반에 나는 우연히 커플들이 자물쇠를 주렁주렁 매달아 놓은 브루클린 브릿지 사진을 보았고, 사진을 보자마자 미스터 프린스턴에게 전송했다.

"브루클린 브릿지네. 저기에 사람들이 자물쇠를 너무 많이 매달다 보니까 다리가 무너질 위험도 있고 해서 이젠 안 매달아."

"뻥치시네. 너 하기 싫어서 그러지?"

"진짜야. 그리고 저기에 자물쇠 매달면 헤어진다는 말이 있어."

"지워! 내가 방금 보내 준 사진 얼른 지워버려!"

"언니! 안 오고 뭐해요?"

"어. 가!"

브루클린 브릿지에 올라와 사진에서 보던 주렁주렁 달린 자물쇠를 보니 그날의 기억이 어렴풋이 떠올라 피식 웃음이 났다. 자물쇠에 이니셜을 새겨 달면 헤어진다는 그의 말에 행여 부정이라도 탈까봐 사진조차 지워버리라고 한 지난날의 내가 생각났다.

미스터 프린스턴에게 전송했던 브루클린 브릿지 자물쇠 사진이다.
저 자물쇠를 달아 둔 커플들이 아직까지 만나고 있으면 좋겠다.

'우린 자물쇠도 안 매달았는데 헤어졌네. 어차피 헤어질 거 여기에 자물쇠라도 한 번 달아보고 헤어질 걸 그랬다. 그나저나 여기에 자물쇠 걸어둔 커플들은 아직도 잘 만나고 있나 모르겠네.'

난 다시 그림 같은 로어 맨해은의 야경 속으로 빨려 들어가고 있었다.

영어를 배워야겠어!

나름 대학원까지 나온 여자다!

그런 내가 현 대한민국에서 살고 있는 초딩보다 영어를 못 하는 건 정말이지 용납이 안 된다.

　피자 두 조각만 해도 그렇다. 분명 종업원은 내게 한 판이라는 정보를 줬을 것이다. 내가 못 알아들은 거겠지. 피자 사건도 그렇고, 그간 뉴욕에 있으면서 느낀 건 여행을 할 때 영어가 필수는 아니지만, 영어를 할 줄 알면 좀 더 편하고 풍성한 여행이 되는 건 확실하다는 거다. 나는 짧은 시간이나마 영어를 배워야겠다는 생각으로 숙소 친구가 추천해준 '랭귀지 익스체인지Language exchange' 어플을 다운로드했다.

　"요새는 한국 아이돌이나 한국 드라마 때문에 뉴욕에서도 한국어나 한국 문화를 알고 싶어 하는 친구들이 많으니까 걔네랑 서로의 언어를 교환하는 거예요. 언니는 한글을 가르쳐주고, 애들은 언니한테 영어를 가르쳐주고."

　이 얼마나 바람직한 글로벌 만남인가. 로그인한 어플에는 한국어를 배우고 싶어 하는 외국인 친구가 아주 많았고, 그때 마침 내게 쪽지가 왔다.

"Hi!"

동갑내기 흑인 남자였다. 금융 쪽 일을 한다는 그는 세계 금융 시장의 중심가인 월스트리트에서 근무하는 친구였고, 뉴욕 여행 중인 프리랜서 작가라고 소개한 나를 굉장히 신기하게 생각하고 부러워했다. 그는 내게 아직 가보지 않은 뉴욕 곳곳을 소개해줬고, 여러 가지 뉴욕 여행의 팁을 줬다. 그러면서 부담스럽지 않다면 저녁 식사를 함께 하지 않겠냐고 제안했다. 갑작스러운 그의 제안에 살짝 당황한 건 사실이지만, 어찌됐든 친구를 사귀려면 만나야 하는 것이 맞지 않겠나 싶어 나는 그의 저녁 식사 약속에 응했다.

"언니! 미친 거 아니에요? 뭐하는 사람인줄 알고 만나요? 굉장히 위험한 거예요, 그거!"

내가 어플에서 알게 된 남자와 저녁 식사를 하기로 했다는 말을 들은 룸메는 노발대발하며 위험하니 나가지 말라는 충고를 했지만, 나는 이미 그 친구와 약속했고 세상에 나쁜 사람만 있을 거라는 편견을 버리라는 둥, 그렇게 생각하면 친구 못 사귄다는 둥의 말로 그녀의 만류를 거절했다. 사실 나라고 걱정이 안 되는 건 아니었다. 그렇지만 남은 뉴욕 여행 기간 동안 좋은 외국인 친구를 만나 그들과 추억도 쌓고, 겸사겸사 내 영어 실력도 늘려갈 수 있다면 얼마나 좋은 일인가. 그리고 원래 한국이나 미국이나 친구란 열린 마음으로 사귀어야 하는 법이다! 약속대로 난 그와 만나기로 마음을 먹었고, 대신 사람이 많은 곳에서 만나야겠다 싶어 브라이언트 파크로 약속 장소를 정했다.

약속 시간보다 조금 일찍 나와 그를 기다리고 있는데, 뉴욕에서 누군가를 만나려고 기다리는 건 처음이라는 생각에 기분이 묘해졌다.

'뉴욕에서 누군가를 처음 기다리는데, 그게 네가 아니구나.'

지금 기다리고 있는 상대가 미스터 프린스턴이 아니라는 생각에 서글퍼지려는 순간, 그에게서 도착했다는 연락이 왔다.

"안녕! 사실은 이곳에 도착하자마자 앉아 있는 널 봤어. 너였음 좋겠다 싶었는데 진짜 너였어."

외국 남자들은 전부 학교에서 로맨틱한 멘트를 전문적으로 교육 받나보다.

어떻게 이렇게 여심 저격 멘트를 콕 집어서 할 수 있지? 그는 내가 기대한 윌 스미스는 아니었지만, 훤칠한 키에 코발트 컬러의 셔츠를 입은 패셔너블한 금융인이었다.

부족한 내 영어 실력 탓에 서로 원활한 커뮤니케이션은 되지 않았지만, 그는 꽤 참을성 있게 똑같은 말을 두세 번 반복해가며 나와 소통하고 있었다.

한참을 브라이언트 파크에서 얘기를 나누다보니 어느새 배가 고파졌고, 뭘 좋아하냐는 그의 질문에 뉴욕에서 가장 맛있기로 소문난 집으로 데려가 달라고 부탁했다. 그는 잠깐 생각하는 것 같더니 마침내 괜찮은 식당이 떠올랐는지 자리를 이동하자고 했다.

식당이 있을 거라 생각한 곳에는 섹시하게 잘 빠진 빨간색 벤츠 스포츠카가 있었다.

"차를 타고 이동하자는 거니?"

"너한테 꼭 보여주고 싶은 곳이 있어!"

"미안한데 차를 타고 이동하는 건 아닌 것 같아. 우리 그냥 걸어가자!"

"걸어서 못 가는 곳이야. 어서 차에 타."

그는 친히 내 앞으로 와 차 문을 열어주며 차에 타라고 했지만, 나는 선뜻 차에 올라타지 못했다. 이 차에 타서 내가 잠시 후에 안전하게 내릴 수 있는 확률은 과연 몇 퍼센트일까?

그런 나의 생각을 읽었는지 그는 "걱정 마. 널 절대 해치지 않아"라고 했지만, 그 말이 더 날 해칠 것 같았다. 아무 일도 없을 테니 안심하라며 나를 차 안으로 밀어 넣는 그 때문에 얼떨결에 난 차에 올라탔고, 정신을 차렸을 땐 이미 빨간색 벤츠 스포츠카가 맨해은 도로를 달리고 있었다.

난 지금 아무 생각이 없다. 왜냐하면, 아무 생각이 없기 때문이다.

바로 옆에서 그가 블라블라 열심히 떠들어대고 있지만, 내 머릿속엔 온통 내가 이 차에서 과연 아무 일 없이 무사히 내릴 수 있을까, 만약에라도 무슨 일이 생기면 어떡해야 하나, 안전벨트를 풀고 있어야 더 쉽게 차에서 내릴 수 있지 않을까, 뒷좌석에 누가 있는 것은 아닌가 별의 별 생각이 들어 어느새 머릿속이 새하얘져 있었다.

잔뜩 긴장한 내 모습이 보였는지 그는 괜찮냐고 물었고, 나는 오히려 내 이런 모습이 그를 더 자극할 수도 있을 것 같아 아무렇지 않게 "네 차니?"라는 머저리 같은 질문을 했다.

하필 질문을 해도……. 그는 내 질문에 피식 웃더니 "아니, 이제 너 차야"라는 농담 같지도 않은 농담을 했고, 그제야 나는 알았다. 없다는 것을. 이 남자는 한국어를 배우고 싶은 마음이 애당초 쥐뿔도 없다!

등이 땀으로 흠뻑 젖을 정도로 긴장해 있는 동안 그의 빨간 벤츠 스포츠카는 부지런히 달려 어느새 맨해은을 벗어나고 있었다.

"너 어디 가는 거니? 맨해은이 아니잖아!"

"맞아. 지금 가는 곳은 뉴저지야. 너에게 꼭 보여줄 게 있어."

"다시 나 맨해은까지 데려다 줄 거지?"

"걱정하지 마."

룸메의 말을 들을 걸. 이건 진짜 아니다!

이젠 하늘에 운명을 맡길 수밖에.

그렇게 도착한 곳은 맨해은에서 가까운 뉴저지의 호보켄^{Hoboken}이라는 곳이었다.

'어? 나 이곳 진짜 와보고 싶은 곳이었는데.'

뉴저지는 뉴욕과도 가깝고 맨해은보다 집값이 저렴해서 한인들이 많이 사는 동네 중 하나다. 그리고 지금 내가 와 있는 호보켄에는 워터프론트 파크라는 곳이 있는데, 거기서 바라보는 맨해은 야경이 또 끝내주게 아름답다. 허드슨 강을 사이에 두고 뉴저지와 맨해은이 마주보고 있는데, 워터프론트 파크는 뉴저지에서 바라보는 맨해은의 풍경을 볼 수 있는 곳이다.

우연히 사진으로 보고 꼭 가보고 싶던 곳이었는데, 그는 투어리스트인 내가 당연히 이곳을 좋아할 거라 생각하고 이곳에 데려 온 거다. 아름다운 맨해은 야경을 바라보며 외간 남자랑 있으니, 미스터 프린스턴이 그리워지는 데 그리 오랜 시간이 걸리지 않았다. 게다가 뉴저지는 미스터 프린스턴이 사는 곳이다. 뉴욕 어디를 가나 그가 그리웠지만, 특히 이곳에서는 그 그리움이 더했다.

"Wow, Thank you."

강 너머로 보이는 맨해은 야경에 감탄을 금치 못 하고 있는 나를 보더니 그는 "봐! 좋아할 줄 알았어"라며 기뻐했다. 순수한 의도로 날 이곳에 데려와 준 그를 내가 너무 오해한 것 같아 미안한 마음이 들었고, 그는 그런 내 마음을 읽었는지 하이파이브를 하자며 손을 내밀었다.

뉴저지에서 바라보는 맨해은 야경.
내가 이곳에서 얼마나 미스터 프린스턴을 생각했는지 아마 그는 모를 것이다.
뉴욕 어디를 가나 그가 그리웠지만, 특히 이곳에서는 그 그리움이 더 했다.

기분 좋게 손뼉을 마주치고 우린 근처 음식점으로 이동했다.

이 근처에 살고 있다는 그는 자신이 자주 간다는 터키 음식점으로 날 데려갔다. 그가 주문한 음식은 여러 종류의 고기와 채소들을 맛볼 수 있는 메뉴였는데, 난생 처음 먹어본 양고기는 내 입맛에는 아닌 듯 했다.

식사를 하며 그와 이런저런 이야기를 나누었고, 그가 하는 이야기

중 반은 못 알아들은 채로 흘려야 했지만, 그래도 다양한 주제 속에서 서툴지만 여러 표현들을 시도하려 하는 내 자신을 보며 역시 나오길 잘했다라는 생각을 했다.

맛있게 저녁을 먹고 나오니 여덟 시가 조금 넘었다.

이제 다시 맨해은으로 넘어가서 숙소에 들어가면 열 시가 조금 안 될 거다. 씻고 영화 한 편 보고 자면 딱 좋은 시간이다. 그런데 맨해은으로 출발해야 할 벤츠가 출발을 하지 않는다!

"왜 출발 안 해?"

"근처가 우리 집인데, 가서 영화 한 편 보고 갈래? 네가 좋아할 만한 영화인데."

잘 나가다가 미끄러지는 소리였다. 방금 전 먹은 각종 고기와 채소들이 역류하는 기분이 들면서 다시 또 식은땀이 삐질삐질 나기 시작했다.

"시간이 조금 늦은 것 같아. 오늘은 그만 가봐야겠어."

"아까부터 넌 나를 계속 경계하는구나! 왜 그렇게 부정적인 생각만 해?"

그는 내가 자신의 집에 가지 않는다고 해서 기분이 상한건지, 아니면 내가 자신을 만나는 순간부터 계속해서 경계하는 것에 기분이 상했는지는 모르겠지만 불쾌한 감정을 드러냈다. 만약 그가 정말 순수하게 나와 친해지고 싶은 마음이었다면 충분히 불쾌할 수 있는 상황이라는 것을 이해할 수 있지만, 내 입장에서 그의 집을 가는 건 죽었다 깨어나도 아니었다.

"기분이 나빴다면 미안. 그런데 오늘은 그만 가봐야겠어. 날 맨해은으로 다시 데려다줘."

나는 기분이 상한 그에게 여러 번 사과한 끝에 겨우 차를 출발시킬 수 있었다.

내가 뉴욕에서 또 한 번 외간 남자 차에 타면 정말 사람이 아니다. 맨해은으로 돌아가는 내내 그는 굳은 표정으로 자기는 부정적인 사람이 싫다고 했고, 졸지에 나는 매사에 부정적인 사람이 되어 있었다.

"야! 부정적인 사람이었으면 이 자리에 나오지도 않았거든?"이라고 말하는 건, 자살행위겠지? 나는 그렇게 맨해은 초입에 도착하자마자 그의 차에서 내릴 수 있었고, 빨간 벤츠 스포츠카는 뒤도 돌아보지 않고 자리를 떠났다.

차에서 내리자마자 나는 두 다리가 후들후들거려 한동안 계속 주저앉아 있어야 했다.

심장은 미친 듯이 뛰고, 무사히 차에서 내렸다는 생각에 안도감이 들면서 내가 정말 무슨 짓을 했나 싶었다. 죽다 살아온 기분이 이런 걸까?

"잘 만나고 왔어? 어땠어?"

숙소에 들어가자마자 주인 언니는 얼마나 걱정했는지 아냐며 내게 오늘 하루를 물었다.

"영어를 배울 수 있는 다른 방법이 있을 것 같아요. 예를 들면 차를 타고 이동하지 않아도 되는⋯⋯ 안전한 곳에서 만나는 여자 친구라든지."

다음날, 나는 주인 언니에게 추천을 받아 헤럴드 스퀘어에 있는 '잉글리시 라운지English lounge'라는 곳을 찾아갔다. 이곳은 학원 개념은 아니지만 한 달에 20만 원 정도의 비용으로 여러 외국인 친구를 사귀고 대화할 수 있는 소규모 모임 형태의 라운지였다. 원하면 비용을 좀 더 지불하고 일대일 튜터와 레슨도 가능한 곳으로, 뉴욕 여행 중 짧게나마 영어를 배우고 싶거나 외국인 친구를 사귀고 싶은 사람들에게 적극 추천하고 싶은 곳이다.

"멋모르고 그 남자를 만나러 나가서, 좋은 친구를 사귈 수 있다는 생각으로⋯⋯."

나는 그곳을 운영하고 있는 한국인 매니저 관Gwan에게 어제 있었던 일을 이야기했고, 그는 정말 위험했을 수도 있다며 앞으로는 이곳에서 안전하게 친구를 사귀라는 말과 함께 나보고 참 재미있는 사람이라고 했다. 옆에 있으면 흥미진진한 일이 많이 일어날 것 같은 캐릭터라고. 듣는 내내 지금 이 말을 칭찬으로 받아들여야 하는 건지, 잠시 잠깐 헷갈렸던 것도 사실이다.

나는 뉴욕에 있는 동안 실제로 그곳에서 많은 외국인 친구를 사귈 수 있었고, 관에게 정말 많은 도움을 받았다.

그리고 그가 예언한대로, 머지않아 나는 뉴욕에서 또 하나의 엄청난 사건을 맞이했다.

Do U know Sang Bong Lee? I

뉴욕에 있을 때 나는 못해도 하루에 기본 네 시간 이상은 늘 걸었다.

남아도는 게 시간이기도 했고, 걷다보면 버스를 타거나 지하철을 타고 이동할 때 보지 못 한 것을 속속들이 다시 볼 수 있어 여러모로 좋았다.

그날은 유니언스퀘어에 갔다가 잉글리시 라운지에 가려고 헤럴드 스퀘어로 걸어가는 중이었다. 지하철을 타면 네 정거장, 6분이면 가는 거리지만 걸으면 30~40분 정도 걸린다.

한참 걷다보니 바로 앞에 엠파이어스테이트 빌딩이 보였다.

하루에 네 시간 이상 걸어 다니며 찍은 뉴욕 풍경.
개인적으로 뉴욕에서 가장 좋아하는 건축물인 크라이슬러 빌딩은
그 아름다운 자태에 뉴욕 야경에서 제일 먼저 눈에 들어오는 곳이다.

엠파이어스테이트 빌딩은 시즌과 의미 있는 날에 맞춰 꼭대기를 비추는 조명의 색깔이 바뀌는데, 그날의 컬러는 레드와 블루였다. 강렬한 그 색감에 빠져들어 사진을 안 찍을 수가 없어 사진을 몇 장 찍고 계속해서 가던 길을 가는데, 갑자기 웬 중년 남자가 내게 다가왔다. 중년 남자치고는 머리부터 발끝까지 꽤 패셔너블한 그 남자는 머리 위

에 선글라스를 얹고 목에는 센스 있게 스카프를 두르고 있었다. 그는 내게 인사를 하더니, 어딘가의 위치를 묻는 듯 했다. 늘 뉴욕에서 듣던 억양과 발음과는 느낌이 사뭇 다르게 말하던 그는 알고 보니 이태리 남자였고, 자신을 패션 디자이너라고 소개하며 내게 지금 가려고 하는 패션쇼장의 위치를 물었다. 안타깝게도 그가 물은 쇼장의 위치는 나 역시도 모르는 곳이라 미안하다며 자리에서 떠나려는 나를 그가 다시 붙잡았다.

"Do you know Sang Bong Lee?"

"Sorry?"

"He is a famous Korean designer!"

디자이너? 아! 그는 내게 이상봉 디자이너를 아는지 묻고 있었다.

"I know! He is really famous in Korea!"

이상봉 디자이너를 안다는 나의 말에 그는 활짝 웃으며 자신은 그의 쇼에 가고 있는 중이라고 했다. 나는 그렇게 유명한 디자이너의 쇼를 가는 사람이라면 그 역시 꽤 실력 있는 디자이너일 거라고 생각했고, 뉴욕 한복판에서 패션 디자이너를 만났다는 신기함에 어느새 길 한쪽으로 자리까지 옮겨 그의 이야기에 빠져들고 있었다.

"사실 난 네가 패션 쪽 일을 하는 사람인 줄 알았어. 너의 패션은 굉장히 독특해! 넌 무슨 일을 하니?"

유니언스퀘어에 가면 아기자기한 마켓들을 볼 수 있다.
구경하는 재미가 쏠쏠한, 없는 게 없는 저 마켓 중 한 곳에서
마사지소금을 하나 샀는데, 한화로 7만 원이 조금 넘는다.
7만 원짜리 소금은 내 인생에서 처음이다.

뉴욕바닥에서 옷 칭찬 받고 패션 쪽 일을 하느냐, 메이크업 아티스
트냐 이런 질문을 받는 게 하루 이틀이 아니지만, 그날 나의 패션은 정
말 심히 평범했다. 그런 나를 머리부터 발끝까지 훑더니 그는 가방 안
에서 카메라를 꺼내 나를 찍고 싶다고 했다. 나는 한국에서도 한두 번
재미삼아 피팅 모델을 한 경험이 있고, 연출 전공이긴 하지만 연극영

화과생이었던 내가 카메라 앞에 서는 것은 그렇게 부담스러운 일이 아니다. 게다가 여긴 뉴욕이다! 이 남자가 얼마나 유명한 디자이너인 지는 모르겠으나 그가 내 패션을 칭찬하며 자신의 카메라에 담고 싶 다는 건, 어떻게 보면 내 뉴욕 여행 중 절대 잊지 못할 추억이 될 수도 있겠다는 생각에 사진 촬영을 허락했다. "대신, 얼굴은 안 돼. 옷만 찍 어!" 그는 알겠다는 말과 함께 나보고 포즈를 취하라고 했고, 나는 정 말 웃기게도 엠파이어스테이트 빌딩을 배경으로 포즈라고 하기에도 무색한 스트리트 패션 피플 정도의 느낌으로 포즈를 취했다. 세네 장 정도나 찍었을까? 그는 자신의 카메라에 담긴 내 사진을 보고 다시 나를 보더니, "혹시 모델 해볼 생각 없니?"라고 했다.

난 나를 아주 잘 안다. 내가 생각해도 모델까지는 아니다. 나는 그의 제안을 정중하게 거절했고, 그는 내 거절에 "너는 충분히 재능이 있어! 네가 내 드레스 모델이 되어주면 좋겠어"라고 했다. 드레스 모델이란 말에 혹한 내 표정을 읽었는지 그는 카메라에서 자신이 디자인했다는 드레스 사진들을 보여줬다. 사진 속에 있는 드레스는 연예인들이 시상식장에나 입고 나올 법한 것들로, 그 자태만으로도 우아하고 화려했다. '이렇게 예쁜 드레스 모델을 나보고 해달라고? 나야 영광이지만. 그런데 왜 날?' 뉴욕에는 패션모델이 넘쳐난다. 그가 마음 먹고 구하려면 아마추어인 내가 아니라 프로 모델을 얼마든지 구할 수 있다. 그런데 왜 하필 날? 나는 그에게 이런 내 생각을 말했고, 그는 나를 보자마자 자신의 드레스를 꼭 입어주면 좋겠다는 생각을 했다며 지금은 쇼장을 가야 해 시간이 없으니 혹시 내일 시간이 괜찮으면 함께 점심을 먹으며 나머지 이야기를 하자고 했다. 남아도는 게 시간이라 하루 네 시간 이상을 걷고 다니는 나는 알았다는 의미로 고개를 끄덕였고, 그는 내일 오후 두 시에 자신의 샵이 있는 렉싱턴 애비뉴 57스트리트Lexington Avenue 57street에서 보자고 했다. 그리고는 우린 서로의 번호, 이름 등 그 어떤 것도 교환하지 않은 채 그렇게 헤어졌다.

오후 두 시, 렉싱턴 애비뉴 57스트리트.

마치 암호 같은 그 약속이 얼마나 말도 안 되는지는 머지않아 관에 게 방금 전 겪은 일을 잔뜩 흥분해 이야기 할 때 깨달았다.

"섬머, 역시 늘 재밌는 사건이 넘쳐나네요. 남들은 겪기 힘든 일이 벌써 몇 개예요? 핸드폰 잃어버렸다가 찾은 것도 그렇고."

"그러게요. 이쯤 되면 내가 문제 아니에요?"

"하하. 그래서 내일 나가게요? 그런데 말이 안되는 게, 렉싱턴 애비 뉴 57스트리트 부근의 어디 카페에서 만나자는 것도 아니고 그냥 57 스트리트라니. 57스트리트가 얼마나 넓은데……."

그러니까 우리는 '강남역 몇 번 출구' 내지는 '강남역 어디에서 만나 자'가 아니라 '강남역에서 만나자'는 약속을 하고 헤어진 것이나 다름 없었다. 강남역 출구만 해도 12개다. 나는 샵 이름이라도 물어봤어야 했다. 이러니 피자 두 조각 시키고 한 판을 들고 나오지.

관은 일단 만나느냐 안 만나느냐를 결정하기 전에 그가 정말 디자 이너는 맞는지 확인할 필요가 있다고 했다. 보통 그렇게 길거리 캐스 팅을 하는 사람은 명함을 주는 게 기본인데 받은 명함이 없는 것도 그 렇고 연락처, 이름, 어떠한 정보도 알려주지 않고 내일 그렇게 만나자 는 말만 하고 헤어진 게 꺼림칙하다고 했다. 그리고는 이상봉 디자이 너의 쇼가 정말 오늘 밤에 있는 게 맞는지부터 확인해보자는 것이다!

관은 굉장히 재미있는 사건을 만난 듯, 신이 나서 구글링을 했다. 그리고 그날 저녁 이상봉 디자이너의 쇼는 뉴욕 어디에도 없었다.

"저 속은 건가요……? 그럼 방금 제가 엠파이어스테이트를 배경으로 찍은 말도 안 되는 사진은 어떡해야 하나요……?"

"일단 이거 하나로 단정 짓기는 힘드니까. 정말 그가 유명한 디자이너면 섬머에게 좋은 기회가 온 걸 수도 있으니까요. 만났을 때 이상한 느낌은 없었어요?"

"전혀! 심지어 좋은 사람 같았다고요."

난 진짜 사기 치기 딱 좋은 케이스다. 28년 동안 한국에서 사기 한 번 안 당하고, 나쁜 일 한 번 당하지 않은 게 신기하게 느껴질 정도다.

관은 나보고 내일 만나고 싶으면 나가보라고 했다. 하지만 절대 샵이 지하에 있다거나, 외부에서 내부를 볼 수 없는 곳이면 함부로 들어가지 말라는 조언도 잊지 않았다. 원하면 함께 나가 줄 수도 있다는 그를 보며 다시 한 번 깨달았다. 이 세상은 아직 따뜻하다.

그렇게 나는 28년 인생 만에 뉴욕에서 이탈리아 디자이너의 새로운 뮤즈로 떠오르느냐, 아니면 대 사기극 속으로 빠져드느냐의 기로에 서 있었다.

Do U know Sang Bong Lee? Ⅱ

"있지. 나 여기서 인기 진짜 많다? 맨해은 나갈 때마다 남자들이 말 걸고 오늘도 이탈리아 디자이너라는 사람이 나한테 와서 사진 찍고 싶다 그러고……. 아무래도 나 미국 스타일인가 봐."

"다 그래. 착각하지 마."

"뭐?"

"동양 여자 혼자 돌아다니면 남자들이 전부 말 걸고 그래. 게다가 네가 영어를 못하면 걔들은 너를 더더욱 무시하고 능욕하고……!"

"네가 나를 제일 무시하고 제일 능욕해! 알아?"

맨해은 현지에서 받는 이 폭발적인 인기를 미스터 프린스턴에게 전하면 그가 질투 찌꺼기라도 좀 해주길 바랐던 내 마음과는 달리, 늘 저런 식이다. 저렇게 꼭 내가 듣고 싶은 말이나 원하는 반응만 쏙쏙 피해 간다. 미스터 프린스턴의 무심한 반응은 꼭 내일 그 자리에 나가야겠다는 전투적인 마음을 먹게 만들었고, 나는 기필코 이탈리아 디자이너의 뮤즈로 거듭나야겠다는 다짐까지 하며 얼굴에 마사지 팩을 붙이고 잠이 들었다.

툭, 투두둑.

다음날 아침, 빗소리에 눈을 떴다.

나는 비오는 날을 정말 좋아한다. 비 오는 날의 냄새도 좋고, 가만히 빗소리를 듣는 것도 좋고, 비가 오는 걸 보는 것도 좋고, 심지어 비를 맞는 것도 좋아한다. 머리부터 발끝까지 흠뻑 젖고 싶어 일부러 우산을 안 가지고 나가는 날도 있다. 그리고 오늘은 내가 뉴욕에 온 이후 처음으로 비가 오는 날이다. 행운의 징조다. 오후 두 시, 렉싱턴 애비뉴 57스트리트.

오늘 그를 만날 수 있을까?

정확히 1시 50분에 약속 장소에 도착한 나는 그곳에 도착해서야 그를 만날 확률이 0퍼센트라는 걸 깨달았다. 그럼에도 불구하고 그렇게 넓은 57스트리트에서 가장 약속 장소로 적합한 분수대를 찾아내 정확히 두 시까지만 기다리다 가겠다며 그를 기다렸다.

'어제 그 드레스 사진만 안 봤어도.' 내 생애 언제 그런 드레스를 입어 볼 기회가 있을까 싶어 혹시나 하는 마음으로 10분을 기다렸지만, 그와 비슷한 모습은 어디에도 찾을 수 없었다. 김이 샌 나는 아쉬운 마음을 안고 이왕 이렇게 된 김에 렉싱턴 애비뉴 구경이나 하고 가야겠다 싶어 주변을 걸었고, 방금 전 그 자리에 다시 돌아갔을 때는 나를 기다리는 그를 볼 수 있었다.

"Wow, Hi!"

"Oh! Mamma Mia!"

그는 날 보더니 환하게 웃었다. 나 역시 그가 반가운 건 마찬가지였다.

"난 오늘 널 못 만날 줄 알았어! 57스트리트는 이렇게나 넓은걸."

"오! 아냐. 난 너에게 57스트리트가 시작되는 코너에서 만나자고 했었어."

그럼 그렇지. 또 내 거지같은 리스닝 실력이 한 건 했다.

그는 비가 오니 꼭 가야 할 곳이 있다며 날 근처 카페로 데리고 가 시나몬 가루를 왕창 뿌린 카푸치노를 주문했다. 그가 데려간 카페는 커피가 정말 맛있는 집이었다. 카페 안으로 들어가기 전부터 입구에서 은은하게 풍기는 커피 향은 마시기도 전에 그 맛을 가늠케 하기에 충분했고, 그 카페는 그의 단골 가게인 듯했다.

뉴욕을 여행 중이고 이제 곧 한국으로 돌아가야 한다는 내 말이 끝 나기도 전에 그는 내가 계속해서 뉴욕에 머물렀으면 좋겠다고 했다.

"내가 뉴욕에 계속 머물면? 당신이 내게 일을 줄 거야? 여기서 아무 일도 안 하고 홈리스가 될 수는 없어."

"얼마든지. 내 모델이 되라니까! 원하면 모델료로 하루에 천 달러를 줄게."

"뭐? 천 달러? 잠깐만, 천 달러면 얼마야. 하루 모델료로 백만 원을 주겠다고?"

"돈은 중요치 않아. 네가 원하면 더 줄 수도 있어. 난 네가 내 드레스를 꼭 입어주면 좋겠어."

그는 내가 원하는 만큼 돈을 줄 수 있다고 했다. 자신은 돈이 많고, 액수는 중요치 않다고.

"좋아! 그럼 네 샵을 보여줘. 샵이 근처라고 했잖아."

"오. 어쩌지? 오늘은 문을 닫았어."

여기서부터 또 삼천포다. 자기 샵이라면 언제든지 들어갈 수 있는 거 아닌가? 나는 이상하단 표정을 지었고, 그는 그런 나의 표정을 읽었는지 서둘러 카페에서 나가자고 했다.

렉싱턴 애비뉴는 한국의 청담동처럼 길거리에 명품 샵이 즐비하다. 여자라면 그곳을 절대 그냥 지나칠 수 없다. 그는 나를 화려한 명품 샵들의 향연이 펼쳐지고 있는 길로 데리고 나왔고, 나는 이미 쇼윈도에 비치는 프라다, 샤넬, 구찌, 페라가모, 에르메스 신상 백에 정신을 못 차리고 있었다.

"넌 생일이 언제니?"

"내 생일? 1월인데."

"네 생일날 저 가방을 선물해줄게. 내 모델이 되어준다면."

생전 처음 보는 여자에게 프라다 신상 백을 생일날 선물해주겠다는 이 남자, 과연 정체가 뭘까? 디자이너는 맞는 걸까?

그와 나는 이탈리안 레스토랑에 들어갔고, 본격적으로 모델 제의에 대해 이야기하기 시작했다.

"명함은 없니?"

나는 어제 관이 내게 말했듯 그에게 명함을 요구했고, 그는 명함을 가지고 나오지 않았다고 했다. 오케이. 원 스트라이크!

"그럼 연락처는?"

그는 어제 쇼장에 가서 핸드폰을 잃어버렸다고 했다. 내일은 핸드폰이 생길 것이니, 내 연락처를 알려주면 자신이 전화하겠다고 했다. 투 스트라이크!

"그럼 내가 입고 사진을 찍어줬으면 하는 네 드레스는 어떤 거야?"

"굉장히 멋진 드레스야. 시스루 드레스인데."

"잠깐만! 시스루?"

"그래. 올 시스루."

"설마 노 언더웨어는 아니지?"

"당연히 노 언더웨어지."

오케이. 아웃!

"노 언더웨어 시스루는 진짜 아니지 않아요? 정말 낯 뜨거워서 원."

"그 사람 디자이너는 맞아요?"

"모르죠! 디자이너인지 사기꾼인지 그냥 변태인지."

"내 생각엔 '슈가대디Sugar Daddy'인 것 같아요."

관은 그가 슈가대디인 것 같다고 했다. 한국에서도 딸 내지는 손녀뻘 되는 여자애들을 만나며 넘쳐나는 돈과 시간을 애먼 곳에 쓰는 나이 지긋하신 분들이 있듯, 미국에도 그런 노중년이 있고 그들을 '슈가대디'라고 부른다고 했다.

"슈가대디는 무슨! 극혐 대디네요, 극혐 대디!"

관은 아무 일 없이 끝났으니 그냥 잊어버리라고 했지만 나는 잠깐이나마 이탈리안 디자이너의 뮤즈가 되는 건가 싶어 설레던 내가, 그를 좋은 사람이라고 믿고 그 자리에 나갔던 내가 나이를 대체 어디로 먹은 건가 싶어 우울해지기까지 했다. 어린 나이였으면 어려서 뭘 모르니까 그런다고 치지만, 어느새 내 나이는 그런 변명이 와 닿지 않는 나이가 돼버렸다.

"아무래도 섬머는 뉴욕이라는 재미있는 곳에 최적화 된 사람인 것 같아요. 봐요. 벌써 여행 와서 생긴 사건치고 버라이어티한 사건이 몇 개예요? 나는 벌써 뉴욕 와서 5년 넘게 살고 있지만 섬머같이 추억할 만한 에피소드가 하나도 없는데."

시무룩해진 나를 위로하는 관의 말을 듣다보니 틀린 말은 아니었다. 그의 말마따나 뉴욕 여행 한 달 조금 넘는 동안 벌써 해프닝이 몇 개인지 모르겠다. 그렇게 많은 해프닝 속에서도 난 무탈하고, 그것들이 오히려 심심하고 우울하기만 할 뻔 했던 내 뉴욕 여행을 더 풍성하게 해주고 있었다.

이쯤 되면 나와 뉴욕 사이에는 무언가가 있는 게 아닐까?

손뼉이 마주쳐야 소리가 나는 것처럼, 뉴욕이 내게 신호를 보낼 때마다 나는 어느 샌가 50미터 전방 내외에 있다는 핸드폰처럼 센서를 반짝이며 응답하고 있었다.

VI. 뉴욕과 사랑에 빠지다!

이제는 뉴욕을 즐길 시간

'한국 돌아가면 또 뭐 해 먹고 사나.'

한국으로 돌아가야 할 날이 점점 다가오고 있었다. 지금까지는 모아 둔 돈을 펑펑 쓰는 팔자 좋은 여행객이었지만 이제는 다시 또 직장을 잡아야 하고 돈을 벌어야 하는, 어느새 대한민국 나이로 스물아홉 살을 맞이하고 있는 백조다. 내 인생에도 서른을 1년 앞둔 나이가 올 수 있다는 게 새삼 믿기지가 않았다.

"갔다 와서 뭐 할 건데?"

다니던 일도 때려치우고 약 3개월간 뉴욕에 간다고 했을 때, 주변 사람들은 부럽다는 말 뒤에 고이 숨겨둔 진심을 내비쳤다. "그건 뉴욕 가서 생각하지 뭐! 그런 거 생각하면 아무데도 못 가"라고 쿨한 척 말했지만 가서 생각하긴 개뿔. 그동안 여기 와서 생각한 것도 없고, 지금 당장 생각나는 뾰족한 묘안 또한 없다.

어떻게 보면 나는 인생 자체가 극적이다. 처음 뮤지컬을 좋아하게 된 계기도 음악이 주는 힘 때문이었다. 말로는 지금의 감정과 상황이 다 표현이 안 될 때, 그만큼이나 극적인 순간에 흘러나오는 음악의 힘은 실로 대단하다. 뮤지컬에서 남녀주인공의 러브송이 끝나고 여기저기서 박수갈채가 터져 나오는 데는 다 이유가 있다. 대사로 주구장창 사랑한다고 말하는 것보다 아름다운 선율과 함께 흘러나오는 진심어린 노래 한 곡이 사람들에게는 더 감동적이다. 그렇게 결정적인 순간에 터져 나오는 음악에 매료돼 뮤지컬을 좋아하게 되고 전공으로 배우게 된 것처럼, 내 인생에서도 송모멘트의 순간이 참 많았다.

어렸을 때부터 엔터테인먼트 분야로는 탁월했다. 춤도 잘 추고 노래도 곧잘 불렀다. 주체 못 하는 끼와 재능으로 배우를 꿈꾸며 연기도 배웠다. 스무 살, 연기 전공으로 지방에 있는 대학의 연극영화과에 입학해 메소드 연기란 무엇인가를 진지하게 고민하다 처음 사귄 남자친구와 헤어지고 이별의 아픔을 달래고자 그와 나의 이야기를 뮤지컬 대본으로 썼다. 결국 그 대본으로 학교에서 공연까지 올렸고, 그때 연출, 작가, 여자 주인공까지 혼자 다 해먹었다. 그 뮤지컬을 계기로 배우가 아닌 연출에 눈을 떠 더 많은 공부와 기회를 얻고자 서울로 올라와 대학로 뮤지컬 현장에서 3년 동안 조연출 생활을 했다. 우연한 기회로 직접 쓴 글을 청년문화예술인 지원 공모전에 냈고, 그 글이 문예창작부문 대상을 수상하면서 두 번째 인생의 터닝 포인트를 맞이했다. 어렸을 때부터 드라마와 영화광이었던지라 언젠가는 직접 드라마나 영화 대본을 써보고 싶다는 막연한 꿈을 가지고 있었다. 문예창작부문 대상 수상 덕에 '내가 엔터테인먼트 분야로는 타고 났구나'라는 생각을 했고, 수상은 그 꿈을 실현 시켜주는 계기가 되었다. 그날부로 뮤지컬 조연출 생활 3년을 정리했다. 드라마 작가가 되려고 처음부터 배운다는 마음으로 방송외주제작사 보조 작가로 들어갔고, 들어간 지 한 달 만에 드라마틱한 기회를 잡아 메인작가로 케이블 채널에서 방영하는 드라마를 집필했다. 톡톡 튀는 성격이 글에서도 그대로 묻어났는지 '글이 재미있다', '대사 빨이 좋다' 등의 과분한 칭찬을 들으며 이른바 신예 작가로 데뷔한 것이다. 그때 나이가 스물 넷이었다. 문제는 그 때부터다. 우리네들의 인생을 담는 드라마 작가가 되기에는 너무 이른 나이에 찾아온 꿈같은 기회가 오히려 독이었다. 그 뒤로 인생의 롤러코스터 열차가 올라갈 기미는 안 보이고 끝없이 내려만 가는 기분이다. 존경하는 어느 작가님의 표현대로 이 모든 게 글감이려니 하고 참고 살기엔 대한민국에서 스물아홉이 돼버린 프리랜서 작가로 살아가는 인생이 녹록치가 않다. 예술가의 인생은 늘 고민과 고난의 연속인 듯하다. 꿈이냐, 현실이냐, 가족이냐, 나냐, 버티냐, 포기하느냐.

예술가의 인생은 이 챕터부터 다음 챕터까지 달달달 암기하고, 문제를 죽어라 풀고, 정해진 매뉴얼대로 공부를 한다고 해서 시험에 패스되는, 그런 인생이 아니기 때문에.

늘 그놈의 운은 대체 언제 따라주느냐고 하소연하고, 전에는 기대하지도 않던 '한 방'을 언제부턴가는 간절히 소망해야 하고, 포기하느냐 마느냐의 기로에 서서 매 순간을 시험대에 오르는 듯한 기분으로 살아야 하는 애달픈 인생이다. 나 역시도 늘 그랬다. 주변 친구들이 어느새 많게는 아이 둘을 가진 엄마가 되거나 공기업이니 사기업이니 저마다 취업해서 직장생활의 애환을 담은 소주를 마시고 있을 때, 나는 방구석에 틀어박혀서 공모전에 보낼 글을 쓰고, 떨어지는 날에는 또 저만치 내게서 멀어지는 꿈과 나의 거리 그 한복판에 앉아 혼자 술을 마셔야 했다. 내가 선택한 삶이니 누구를 탓하지도 못하고, 가족에게 기대지도 못하고, 혼자 우주 어딘가에 둥둥 떠 있는 기분으로 지금까지 살아왔다. 아메리카 드림처럼 서울 드림을 꿈꾸며 혼자 서울로 상경한 내 스무 살을 돌이켜보면 화장실 변기 뚜껑을 내려놓고 그 위에 앉아 울었던 기억밖에 없다. 뭔가 속에서 부글부글 끓어는 오르고, 라면 물이 펄펄 끓는 냄비처럼 뚜껑을 들었다 났다 들었다 났다는 반복하고 있지만 결코 뚜껑을 날려버려서는 안 되기에. 내 분을 못 참고 끓어오르는 뚜껑을 날려버려 냄비를 엎어버리면 그 참사를 뒷정리해줄 어른이 더는 없었으니까. 그리하여 스무 살의 내가 내린 결론은 화장실 변기 뚜껑을 내려놓고 그 위에 앉아 엉엉 우는 일. 이제 갓 교복을 벗고 가족과 떨어져 사회에 나온 스무 살짜리 기지배가 혼자 남몰래 울어야 하는 일은 대체로 그렇게 특별한 사건이 아니다. 하루 중 낮에서 밤으로 시간이 바뀔 때, 오후 여섯 시부터 여덟 시, 저녁시간이라는 시간대에 주택가를 지날 때 나는 된장찌개 냄새를 맡을 때, 계절이 바뀔 때, 오늘 하루가 유난히 길게 느껴질 때, 그렇게 보통날 속에서 아직은 서툰 마인드컨트롤이 빛을 발할 때다. 그 당시엔 하루가 멀다 하고 더러운 화장실에서 엉엉 우는 내가 그렇게나 싫더니 그때보다 훌쩍 자란 지금은 가끔씩 왜 그때가 그리운지 모르겠다. 수도꼭지처럼 틀기만 하면 닭똥 같은 눈물이 후드득 쏟아지던 그때와 달리, 지금은 영화관에서 슬픈 영화를 봐도 꼭 감정이 메마른 사람처럼 눈물이 나지 않을 때가 많다. 스무 살 땐 한참을 울고 난 뒤 거울을 보면 퉁퉁 부어 있는 못생긴 얼굴이 더럽게 쪽팔려도 속은 시원했는데 지금은 그런 속 시원한 맛도 없이 불어터진 호빵 같은 얼굴에 답답한 마음 뿐이라니.

이러나저러나 스무 살이 좋은 건, 여러 이유에서인가 보다.

오랜만에 불어터진 호빵 같은 얼굴을 하고 타임스스퀘어에 나왔다.

기분전환으로 뮤지컬 한 편을 보려고 저렴한 가격으로 티켓을 살 수 있는 TKTS에 왔다.

TKTS는 타임스스퀘어의 핫 플레이스인 레드체어가 있는 곳에 바로 있다.

무슨 공연을 볼까 고민하고 있는데 내 또래쯤으로 보이는 흑인 여자가 말을 걸어왔다.

"무슨 공연 볼 거야?"

"시카고 보려고. 좋아하는 뮤지컬이거든."

"와우! 나도 그 공연 볼 거야. 같이 볼래?"

갑작스럽게 말을 걸어온 그녀와 나는 함께 공연을 보기로 했고, 한화로 7만 원 조금 넘는 가격에 티켓을 예매했다. 공연이 시작되기까지는 아직 세 시간이나 남아 있었다. 우리는 남은 시간을 센트럴파크에서 보내기로 했다.

"나는 섬머라고 해. 한국에서 왔어."

"나는 엘. 남부에서 왔어. 아마 말해도 넌 모를 거야. 아주 작은 시골이거든."

"그렇구나. 뉴욕에는 왜 온 거니?"

"뉴욕에 오기 싫어하는 사람도 있어?"

"응?"

"뉴욕에서 태어나지 않고, 뉴욕에서 살아보지 않은 사람치고 뉴욕에 오기 싫어하는 사람은 아무도 없을걸? 누구나 꿈꾸는 곳이잖아. 뉴욕은."

"하하. 그렇긴 해."

"게다가 난 아티스트거든! 아티스트에게 뉴욕은 꼭 거쳐야 하는 곳이랄까?"

"오 마이 갓. 나도 글을 쓰는 작가야."

"정말? 너무 멋있다. 나는 뮤지컬 배우가 되고 싶어서 이곳에 왔어."

"뮤지컬 배우? 정말 멋진 직업이지. 전공도 그쪽이니?"

"아니. 난 대학교를 다니지 않았어. 난 꿈이 없었거든. 아주 작은 시골에서 살다가 우연한 기회로 뉴욕에 잠깐 오게 됐는데, 그 날이 내 인생을 바꿔놨어. 처음으로 내 인생에서 꿈이 생기고, 심장을 뛰게 하는 사건을 맞이한 거야. 너무 멋있지 않니?"

그녀는 눈으로, 코로, 입으로, 온 몸으로 지금 이 순간 자신이 뉴욕에 있다는 게, 꿈이 있다는 게 얼마나 행복한 일인지 말하고 있었다.

"힘들지 않아? 한국에도 배우를 꿈꾸는 친구들이 굉장히 많아. 그렇지만 꿈꾼다고 해서 모두 그 길을 갈 수 있는 건 아니야. 도중에 포기하는 친구들도 많고, 현실 때문에 계속해서 이 길을 가야 하는지 말아야 하는지 늘 고민하는 아티스트들이 한국에도 아주 많아. 너는 그런 생각해본 적 없어?"

"글쎄. 아직은 다행히 없는 것 같아. 난 꿈이 없는 애였어. 꿈이 없는 것만큼 불행한 건 없어. 하루하루가 재미없었지. 그렇게 평생을 산다고 생각해봐. 단순히 돈을 좇아서, 명예를 좇아서, 남들이 다 가는 길이니까 내 행복이 없는 길을 걷는 건 내게 주어진 삶을 잘못 사는 일이라고 생각해. 인생은 한 번뿐이니까. 결국 각자가 선택한 대로 살겠지. 각자의 인생에서 우선순위는 다들 다르니까. 나는 내가 좋아하는 일을 하면서 살 때 행복하니까 이곳에 온 거야. 종일 남들이 먹은 접시를 닦고, 그들이 몇백 불을 지불하고 하룻밤 자고 나온 곳을 청소하면서 돈을 벌고 있지만, 이렇게 그 돈으로 뮤지컬을 볼 수 있다는 게 정말 행복해. 너는 그렇지 않니? 글을 쓸 때 가장 행복하지 않아?"

그녀가 그렇게 묻는 순간, 심장이 발바닥까지 쿵 내려앉는 기분이었다.

맞다. 나는 가만히 있어도 이 시나리오, 저 시나리오가 생각나는 애다. 가슴 아픈 이별을 하고 소주를 병나발로 불고 눈물을 흘리고 있으면서도 머릿속으로는 이 이야기를 어떻게 드라마에 녹일 수 있을까 생각하는 애다. 내 사랑과 이별, 그리하여 상처까지도 모든 게 다 내겐 글감이었다. 나는 평생을 머리가 아닌 가슴이 시키는 대로 살아온 애다. 그래서 남들만큼 평범하지도, 순탄하지도 않은 삶이었지만 그만큼 자유로웠고, 그 시간 속에서 내가 뭘 원하는지, 어떤 삶을 살고 싶은지, 나는 어떤 사람인지, 누구보다 나를 잘 알고 있다. 그래서 난 늘 내 주관이 뚜렷하다. 내 친구들 중에는 아직까지 꿈이 없는 친구도 있고, 꿈은 꿈일 뿐이라며 현실에 맞춰 살아가고 있는 친구도 있다. 내가 그들의 안정적인 삶을 부러워하듯 그들은 날 부러워한다. 날 보고 있노라면 어느 날은 여기저기 부딪혀서 깨져 있고, 어느 날은 지쳐서 쉬는 듯 보이기도 하고, 또 어느 날은 울고 있지만, 그 모든 날이 한 곳을 향해 있다고, 내 삶은 늘 살아 있다고.

"그럼 네 삶은 뭐 죽어있냐?"라고 그들의 배부른 소리에 핀잔을 주면, 그들은 이렇게 말한다.

"네 눈에는 쳇바퀴 돌아가듯 사는 우리 삶이 죽어있는 것처럼 보이지 않아?"

"뭐, 죽어 있는 것처럼은 아니어도 내가 봤을 때 재미없게 사는 건 맞지."

"그거야. 재미가 없어. 그냥 눈 뜨면 회사가고, 해지면 퇴근하고, 그러다가 상사한테 깨지는 날엔 술이나 마시고, 그러다가 술친구 해주는 동료랑 눈 맞으면 결혼하는 거고, 그것도 아니면 부모님이 어디서 알아온 엄친아랑 결혼하는 거고, 애 낳고 살다보면 내 이름이 아닌 아이 이름이 앞에 붙은 이름으로 살고, 그러다가 퇴직하고……."

"야! 그만 얘기해. 듣기만 해도 숨 막혀!"

"그거야. 너랑 우리의 차이가. 넌 숨 막혀서 견딜 수 없지? 우린 그냥 그러려니 해. 그런 인생도 인생이라고, 저 절차가 딱딱 안 맞아떨어지면 불안하기까지 하다."

안정적이어서 부럽다고 생각하는 친구들의 삶을 나보고 살라고 한다면, 내 대답은 언제나 "노"다.

자유로워서 부럽다고 생각하는 내 삶을 친구들보고 살라고 하면, 그들의 대답 역시 언제나 "노"다.

우리에게는 그렇게 각자 자신에게 맞는 삶이 있다.

그러니 남의 인생을 부러워할 것도, 그렇게 못 산다고 슬퍼할 것도 없다.

난 하다못해 사극에서 침 맞는 장면도 못 보는, 의학드라마조차 못 보는 애다. 그런 나보고 돈은 얼마든지 줄 테니 시켜주면 의사할래?하고 묻는다면, 고민할 것도 없이 고개를 저을 것이다. 세상의 모든 의사 선생님을 존경하고 경의를 표하지만, 나는 그들의 삶 속에 환자로 등장하고 싶지 동료로 등장하고 싶은 마음은 죽었다 깨나도 없다.

하루 종일 앉아서 사무업무를 하는 나를 생각하면, 친한 친구조차도 비웃는다. 공무원 내지는 공기업, 사기업 직원이 되는 삶 또한 나는 상상조차 할 수 없다.

답은 나왔다. 결국 나는 아무래도 이렇게 하고 싶은 일 하면서 살다 죽을 것 같다.

"그냥 나는 지금처럼 많은 돈을 못 벌어도, 내가 가진 재능으로 하고 싶은 일을 하며 살고 싶어. 그리고 그곳이 뉴욕이야. 생각해봐. 돈을 못 버는 아티스트로 살아도 그 삶을 멋있게 생각해주는 곳은 이곳밖에 없어. 굶어죽는 아티스트도 폼 나는 곳이 이곳이라고!"

"한국말로 그런 걸 뭐라고 하는 줄 알아? 똥폼!"

"떵펌?"

얼굴 가득 행복한 미소를 지으며 자기가 자신의 꿈을 얼마나 사랑하는지 이야기하는 그녀의 말을 듣다가 초라해지는 날 발견하는 데는 그리 오랜 시간이 걸리지 않았다. 그녀는 뒤늦게나마 뉴욕에서 자신이 진정 원하는 것이 무엇인지 알게 돼서, 그리고 그곳에 살고 있어서 얼마나 행운인지 모른다고 말했다. 그 말을 하고 있는 그녀의 눈은 며칠 전 피프스 애비뉴 티파니 매장에서 본 어마어마한 캐럿의 다이아몬드보다도 훨씬 빛났다.

그녀는 전공이 뮤지컬 연출이라는 내 이야기를 듣더니 갑자기 자리에서 일어나, 무수히 많은 사람이 지나다니고 있는 센트럴파크 한복판에서 뮤지컬 시카고 넘버 중 한 곡인 〈록시Roxie〉를 안무와 함께 불러 줬다. 지금 이 순간 흘러나와야 할 BGM으로 어쩜 이렇게 잘 어울리는지. 〈록시〉는 스타가 되고 싶어 하는 여죄수 록시가 부르는 노래로, 가사도 이런 식이다.

"모두가 알게 될 이름, 그래, 바로 록시! 행운이 따르는 이름, 맞아! 바로 록시! 곧 유명인사가 될 거야. 모두가 알아보는 그런 스타! 내 전부를 알아보겠지. 내 눈과 머리, 가슴과 코!"

그 순간 그녀는 식당 주방에서 접시를 닦는 접시닦이도 아니었고, 호텔을 청소하는 청소부도 아닌 뉴욕에서 배우를 꿈꾸는 엘이었다.

뮤지컬을 보는 동안에도 계속해서 심장이 떨린다며 내 손을 덥석 잡아 자신의 가슴에 갖다 대는 그녀가 내 눈엔 참 예뻐 보였다.

공연이 끝난 후 극장에서 나와 인사를 하고 헤어지기 전, 나는 그녀에게 마지막으로 물었다.

"내가 하고 싶은 일을 하는 대신 힘들게 살 건지, 하고 싶은 일은 아니지만 편하게 살 건지, 그것만 결정하면 되는데 그 결정을 8년째 못하고 있어. 그래서 늘 내 마음이 물 먹은 솜처럼 무겁지. 이런 불쌍한 친구에게 마지막으로 해주고 싶은 말은?"

"간단해. 인생에서 사랑하는 남자 말고 네 심장을 뛰게 할 수 있는 건 네 꿈밖에 없어. 남자는 헤어지면 끝이지만, 꿈은 네가 버리지만 않으면 너와 헤어지지 않아. 힘들게 살아도 심장은 뛰고 있잖아!

Follow your dream. Because You only live once!

네 꿈을 따라가. 너의 인생은 딱 한 번 뿐이니까!"

인생의 주치의를 만나다

남들 눈에 비친 내 첫인상은 썩 친근한 편이 아니다.

입을 다물고 있으면 내가 봐도 내 인상이 굉장히 차가워 보이기 때문이다.

게다가 뉴욕에 오기 전에 아주 까맣게 염색을 하는 바람에 찔러도 피 한 방울 안 나올 것 같은 흑발 마녀처럼 보이기도 한다.

차가워 보이는 이미지 때문에 내게 말을 잘 못 붙이거나 다가오기를 꺼려하던 사람이 나와 친해지고 나서는 놀라는 일이 많다. 이런 캐릭터일 줄은 꿈에도 생각 못 했다고.

지금보다 조금 더 어렸을 때는 사람들이 오해할까봐 일부러 더 방긋방긋 웃고 있을 때가 많았는데, 지금은 남들이 그렇게 생각하거나 말거나 내 페이스를 유지하는 편이다.

여행의 묘미 중 하나는 나와 다른 분야에서 일하거나 공부를 하는 사람들을 만나는 것이다. 같은 한인민박에서 벌써 한 달 넘게 있는 동안 룸메는 벌써 두 번이 바뀌었고, 어제는 옆방에 또 새로운 사람이 들어왔다. 숙소 주인 언니 말로는 의사란다.

나보다 한 살 많은 언니였는데, 의사라고 하니 더 대단하게 보이는 건 역시 직업이 주는 이미지가 큰가보다. 지난 밤, 늦은 시간에 숙소에 입실해 아주 잠깐 얼굴 익히는 정도의 눈인사만 나눈 그녀와는 아침이 되어서야 다시 만날 수 있었다.

"저 장보러 마트 갈 건데 같이 가실래요?"

먼저 말을 건넨 건 나였다.

조깅을 마치고 들어와 아침을 먹으려고 냉장고를 열어보니 장 봐둔 음식들이 어느새 동이 나 있었다. 집 앞 마트로 장을 보러 가려는데, 아직 숙소에 친한 사람이 없어서 그런 건지 방문 앞에서 서성이고 있는 그녀를 봤다. 광주 촌년의 오지랖으로 먼저 말을 걸었고, 그녀는 안 그래도 살 게 많은데 같이 가겠다며 함께 숙소를 나섰다. 마트까지 가는 길에 우린 서로 통성명을 했다. 의사가 이렇게 예뻐도 되나 싶을 정도로 예쁜 얼굴의 그녀는 새침데기 이미지였다. 내 인상도 인상이지만, 그녀의 첫인상 역시 만만치가 않았다. 한국인이지만 외국에서 태어나서 자라 미국 시민권자라는 그녀는 어렸을 때부터 문화와 언어가 다른 곳에서 유년시절을 보냈고, 매순간 순간이 비상사태인 병원에서 이 환자, 저 환자를 상대하고 늘 피를 보며 일해서인지 그녀에게서 뿜

어져 나오는 아우라는 보통이 아니었다. 내공이 쌓일 만큼 쌓인 새침데기 여의사 눈에도 그동안 남자만 득실거리는 공연계와 방송 쪽에서 어린 나이부터 일하고 흑발에서 풍겨져 나오는 분위기까지 한 몫 하는 내가 그리 편한 느낌은 아니었나보다. 게다가 서로의 나이 차이는 고작 한 살. 마트까지 가는 동안 우리 분위기는 따뜻하지도 편안하지도 않았고, 서로를 탐색하는 미묘한 신경전이 난무했다. 웃고는 있는데 입꼬리만 올린 기분이랄까?

우린 각자 필요한 물건을 가져와 계산대에 올려놨고, 이제 계산을 하려는데 내 카드가 말썽이었다. 아멕스 카드가 통용되지 않는 곳이었는지 결제가 되지 않아 뽑아놓은 캐시도 없던 내가 다시 물건들을 제자리에 갖다놓으려 했더니 그녀가 자신의 카드로 계산을 해주겠다고 했다.

"아니에요. 괜찮아요!"

어느새 숱한 밤을 함께 보낸 룸메였다면 도움을 받았겠지만, 안 지 몇 시간밖에 되지 않는 사람에게 금전적으로 도움을 받으려니 부담스러워 고맙다는 인사와 함께 도움을 사양했다.

순간적으로 당황해서 사양하긴 했는데, 숙소로 돌아오는 길에 혹시나 때문에 기분이 상하진 않았을까, 그녀의 도움을 받았어야 했나, 무안하진 않았을까 여러모로 신경이 쓰여 미안한 마음에 나는 오늘 그녀의 일정이 어떻게 되느냐고 먼저 물었고, 그녀는 딱히 정해진 것은 없다고 했다.

"그럼 언니 오늘 저랑 같이 다니실래요? 저도 오늘 딱히 갈 곳이 정해져 있는 건 아니니까 언니 가고 싶은 곳 가도 돼요."

"그래 그럼. 같이 돌아다니자!"

그렇게 다소 불편한 분위기 속에서 나와 그녀의 하루 동안의 동행이 시작됐다.

"뉴욕엔 왜 온 거니?"

미국 병원에 인터뷰를 보러 왔다는 그녀는 내게 뉴욕에 왜 왔냐고 물었다.

"어, 그게……."

뉴욕에 왜 왔냐고 누군가 물으면 미스터 프린스턴이 당연하게 생각나고, 그럼 그의 이야기를 꺼내야 하고, 그렇게 그와의 이야기를 하다 보면 어느 샌가 공허해지고 외롭고. 그래서 우울해지는 게 싫었던 나는 말을 꺼내는 걸 주저했고, 그녀는 굳이 이야기하고 싶지 않으면 얘기하지 않아도 된다고 했다.

"시작은…… 좋아하는 사람이 이곳에 있어서. 그 사람 보려고 왔어요. 서로 사랑하는 사이일 때 왔다면 좋았을 텐데 그 사람은 이미 오래전에 끝났나 봐요. 음, 그리고 그 사람 보러 온 뉴욕에서 안타깝게 그 사람을 보지 못했고, 그래서 여행 시작하고 한 달 동안은 매일 한국 돌아가고 싶다는 생각밖에 안 했어요. 오랜 시간 꿈꿔온 뉴욕이었는데. 뉴욕으로 온 동기가 그 사람이다 보니까 그 사람 없는 뉴욕은 아무 의미가 없었다고 해야 하나? 그런데 지금은 아니에요! 지금은 뉴욕에 있다는 게 정말 감사해요. 남자 때문에 뉴욕까지 오고, 한심하고 바보 같죠?"

"아니. 멋있다 너. 그렇게 누군가를 열정적으로 좋아할 수 있는 건 정말 축복이야. 누구에게나 그런 삶이 주어지는 건 아니니까. 나도 누군가를 그렇게 뜨겁게 좋아해보고 싶어. 지금의 나는 사랑 앞에 모든 걸 내려놓을 정도로 무모해질 수도 없고, 언제 마음이 변할지 모를 남자보다는 돈이 더 좋거든. 그래서 난 너처럼 사랑 때문에 일까지 그만두고 여기 못 와. 그렇게 순수하게 누군가를 좋아할 수 있다는 게 부러워."

그녀는 내가 부럽다고 했다. 자신은 사랑 앞에 더는 뜨거워지지 않는다고. 아마 자신이 남자 때문에 뜨거워질 때는 샤넬이나 에르메스 백을 선물해주는 사람을 만났을 때일 거라는 귀여운 농담도 덧붙였다.

한 시간 넘게 그녀와 이야기를 나누는 동안 그녀는 마치 정신과 의사처럼 내 마음 깊은 곳에 있는 상처와 외로움, 뉴욕에 있는 동안 헛헛했던 마음을 치유해주고 있었다.

"언니, 나 내 인생의 주치의를 만난 기분이에요."

"그래? 그렇다면 너무 다행이다. 나도 기뻐."

28년 인생을 살면서 사람의 외관에서 보이는 이미지라는 게 얼마나 믿을게 못 되는지 그 당사자가 되어 살았으면서도 어리석게도 나는 그녀의 새침한 얼굴에 선입견을 가졌고, 그녀와 이야기를 나누면서 예쁜 얼굴에 직업도 의사이니 까다로운 새침데기일 거라고 판단한 나를 반성했다. 그날 후로 남은 뉴욕 여행 기간 동안 거의 모든 날을 함께하고 한국에 와서도 아직까지 연락을 하며 만나고 있는 그녀는 사실 새침데기는커녕 털털하고 사랑스러운 환불의 여신이었다. 환불의 여신이 실체를 드러낸 건 그녀의 입실 이틀째 날이었다.

"아무래도 나 오늘 여기서 나갈 것 같아."

한 달 가까이 예약을 하고 온 그녀는 이틀째 되는 아침에 얼굴이 사색이 되어서는 오늘 숙소에서 나가겠다고 했다. 이유인 즉, 입실 이틀 동안 벌써 두 번이나 욕실에서 바퀴벌레를 봤다는 것이다. 숙소에 들어온 첫날밤 씻으려고 들어간 욕실에서 한 번, 그리고 지난 밤 또 한 번. 그녀는 바퀴벌레 충격에서 벗어나지 못해 잘 씻지도 못 했고, 그래서 현재 정신적으로 굉장히 피폐해진 상태라고 했다. 개개인마다 숙소를 정하는 기준이 있겠지만 자신에게 위생상태, 청결상태는 그 어떤 것보다 중요하다고 말한 그녀는 앞으로 남은 한 달 동안 바퀴벌레의 공포에서 벗어나지 못 할 것 같다며, 오늘 남은 기간의 예약금을 환불받고 나가겠다고 했다. 나 역시 지금까지 숙소에서 바퀴벌레를 보지 않았던 것은 아니다. 그런데 난 정말 운이 좋은 건지, 한 달 넘는 시간동안 딱 한 번 부엌에서 바퀴벌레를 본 것이 다였고, 다른 곳도 아닌 부엌이라는 사실에 실로 충격이었지만 미국 건물은 전부 오래 된 건물들에다가, 집에 정원이 있어 바퀴벌레가 어딜 가나 기본이라는 소리를 어디서 주워들은 후로는 맨해은 한복판에 있는 하룻밤 20만 원이 넘어가는 비싼 숙소로 갈 게 아니라면 제발 방에서만 바퀴벌레를 안 보길 바라며 머무는 중이었다. 그녀는 나보고 함께 나가자고 했지만 나는 여행 일정이 얼마 남아 있지도 않았고, 새로운 숙소를 알아보기엔 그간 지출 또한 심했기 때문에 그냥 이곳에 남겠다고 했다. 그리고 그녀는 나가겠다는 말을 뱉은 지 한 시간이 채 안 돼 주인 언니와의 팽팽한 협상 끝에 남은 기간 동안의 돈을 전부 환불받고 유유히 짐을 싸서 나갔다. 그녀와 주인 언니와의 협상을 바로 옆에서 지켜보고 있던 나는 그녀의 똑 부러지는 환불 실력에 감탄을 금치 못했는데, 실로 그녀의 환불 실력이 빛을 발하는 순간은 따로 있었다.

미국은 물건을 사고 환불하는 것이 한국만큼 어렵지 않다. 다시 말해 고객의 단순변심만으로도 얼마든지 환불이 가능하다. 블랙 프라이데이가 얼마 남지 않아 슬슬 뉴욕의 백화점이며 쇼핑몰에서는 벌써 20~30퍼센트 가까이 세일을 하고 있었다. 여자의 친목도모엔 쇼핑만 한 게 없다. 내가 머무는 숙소와 가까운 곳에 새로운 숙소를 얻은 그녀와 나는 쇼핑을 자주했다.

"연지 씨! 이 옷 괜찮지 않아? 어때?"

"언니, 그거 지금 언니가 입고 있는 거랑 똑같은데?"

"이건 마이클 코어스라고!"

"지금 입고 있는 건 뭔데?"

"아베크롬비!"

"지금 입고 있는 옷이랑 디자인 거의 비슷한데 똑같은 걸 또 사려고?"

"환불하면 되지! 태그 안 뗐단 말이야."

오 마이 갓. 그녀가 입고 있는 옷에는 늘 태그가 붙어 있었다.

그녀는 환불할 수 있는 최상의 조건으로 옷을 입다가 비슷한 디자인의 더 좋은 옷을 발견하면 유창한 영어실력으로 언제든지 환불했다. 한국에서는 백화점에 그런 손님이 종종 있다는 얘기를 듣기만 했는데, 실제로 내 눈 앞에서 볼 줄이야. 실로 환불이 빈번하게 일어나는 미국에서는 이건 아무것도 아니었고, 이런 식으로 옷을 입고 사는 사람들이 넘쳐났다. 이쯤 되니 내가 산 옷도 누군가가 입고 환불한 옷들이 아닌가 하는 의문이 든다.

"언니! 어디야? 나 지금 타임스스퀘어로 나가고 있는데."

"도착하면 연락 줘. 나 지금 환불하러 가고 있어. 사가지고 나와서 보니까 가방에 스크래치가 장난이 아닌 거 있지?"

단순변심으로 인한 환불도 능한 그녀에게 물품 하자 환불이란 일도 아니었다.

그날은 토리버치 샘플 세일이 있는 날이었고, 썩 좋아하는 브랜드가 아니었기 때문에 나는 같이 가지 않겠냐는 그녀의 제안을 거절하고 각자 시간을 보내다가 타임스스퀘어에서 만나기로 했다. 약속 시간이 되어 연락해보니 그녀는 환불의 여신답게 역시나 환불 중이었다. 이렇게 스크래치가 난무한 가방을 지금 파는 게 말이 되냐, 샘플 세일이라지만 이건 너무한 게 아니냐라며 그곳에 있는 직원들과 긴 실랑이 끝에 결국 공짜로 옷을 몇 벌 더 얻어오기까지 한 그녀를 보고 있자니 이제는 대단해 보이기까지 하다.

"나를 앞으로 박환불이라고 불러줘. 나도 너를 김러브라고 부를게. 남자를 갈아엎어도 수십 번을 갈아엎게 생겨가지고 남자 때문에 뉴욕까지 오고. 나는 네가 처음에 나한테 같이 장보러 가자고 했을 때 사실 무서웠어. 너랑 이렇게 친해질 줄은 상상도 못했어."

"언니, 나도 언니가 이렇게 환불하러 다니는 여자일지 꿈에도 몰랐어. 식당 들어가서 물 컵이라도 나오면 도중에 못 나오게 생겨 가지고."

우린 그렇게 서로의 첫인상과는 전혀 다른 반전 이미지에 서로가 놀라워하고 있었다.

환불의 여신과 다닌 덕분일까? 어느 날이었다.

마트에서 커피 음료를 하나 사서 계산을 하는데 카드가 읽히지 않는다며 점원이 카드를 한 번 더 긁었고, 두 번째는 결제가 된 듯 했다. 마트에서 나오자마자 버스정류장에 들어서고 있는 버스에 서둘러 올라탔고, 두 정거장이나 갔을까? 왠지 이중결제가 된 것 같아 핸드폰으로 뱅킹 조회를 해보니 슬픈 내 예감은 틀리지 않았다. 버스에서 내려 다시 마트를 찾아가 핸드폰 뱅킹 내역을 보이며 결제 취소를 요청하는데 그 짧은 사이에 파트타이머 직원이 바뀌어 있었고, 바뀐 직원은 자신이 있을 때 일어난 일이 아니기 때문에 모르는 일이라며 내일 다시 오라고 했다. 그는 나를 영어 실력도 딸리는 뜨내기 관광객이라고 생각했는지 호갱 취급을 했고, 그의 무례한 태도에 열이 받은 나는 3천 원을 돌려받으려고 어느새 야무지고 기 센 전라도 여자가 되어 있었다. 결국 30분 만에 이중 결제 된 3천 원을 돌려받아 나올 수 있었다.

"언니, 나 방금 커피 하나를 샀는데 이중결제가 된 거야. 근데 잠깐 사이에 직원이 바뀌어서 내일 다시 오라는 둥 취소 안 해주겠다는 거 겨우 받아낸 거 있지?"

"잘했어! 아마 너 하루 지나서 갔으면 모르는 일이라며 취소 안 해졌을 수도 있어! 잘했어! 잘했어!"

그녀는 결제 취소를 받아낸 나를 몇 번이나 칭찬해주며 취소가 되어 다행이라고 했고, 나는 이 모든 게 환불의 여신과 다닌 덕분에 가능한 일이 아니었나 생각했다.

여행 중에 만난 인연치고 오래가는 인연이 있을까 생각하는 사람 중 한 명이던 나는 그녀를 만난 뒤 생각이 바뀌었다. 그녀는 지금까지도 뉴욕이 내게 준 감사한 선물 중 하나다.

뉴욕에서 5년 넘게 혼자 산 여자는 우습게보면 안 된다는 말이 있다고 한다.

그 정도로 뉴욕이라는 곳이 만만치가 않은 곳이다. 아무것도 안하고 맨해은에 나가기만 해도 기가 빨려 돌아오는 곳이 뉴욕이다.

어느새 나는 그런 뉴욕에서 당당하게 컴플레인을 하고, 그들에게 내 생각을 말할 수 있을 정도로 영어 실력이 제법 늘어 있었다.

비 오 는 뉴 욕 하 늘 아 래 , 우 산 은 한 낱 액 세 서 리 일 뿐

뉴욕에서 비가 오는 날은 아무래도 그냥 집에 있는 것이 베스트다.

무슨 바람이 그렇게 센지, 비오는 뉴욕 하늘 아래, 우산은 한낱 액세서리일 뿐이다.

체중이 가벼운 사람이라면 아마 메리 포핀스처럼 우산을 타고 날아다닐 수도 있을 것 같다. 그래서인지 뉴욕에서는 우산 없이 맞기엔 꽤 굵은 빗방울이 떨어져도 비를 맞고 다니는 사람도 많고, 우산 대신 우비를 입는다거나 레인부츠를 신는 사람들이 많다. 괜히 논두렁에서 논농사 할 때나 신을 법한 고무장화가 패션 아이템이 된 것이 아니다.

빗소리에 창문을 열어보니 비가 내리고 있었다.

이런 날엔 숙소에서 조용히 글을 쓰며 운치 있게 빗소리를 들으면서 가만히 있어도 좋은 날인데, 체류비가 비싼 뉴욕에 와서 아무것도 안 하고 숙소에서만 쉬는 게 아까웠던 나는 실제로 여행 두 달 동안 단 하루도 그냥 숙소에 있는 날이 없었다. 하다못해 세 시간이라도 나갔다가 들어오곤 했었고, 그날도 여지없이 무용지물이 될 우산을 챙겨 들고 숙소를 나섰다.

오늘은 비가 와서 야외에서 시간을 보내는 건 불가능하니 실내에서 보내는 일정을 계획했고, 첼시에 있는 무료 갤러리들을 투어해야겠다 싶어 첼시로 나갔다.

나는 첼시에 갈 때면 주로 14스트리트 역에서 내려서 걸었는데, 안

내 책자에 따르면 유명 갤러리가 집중되어 있는 곳은 10th Avenue와 11th Avenue 사이라고 한다. 월요일에는 휴관하는 갤러리가 많지만, 그날을 제외하면 오전 열 시부터 오후 여섯 시까지 무료로 운영되는 수많은 갤러리를 순회하는 것만으로도 하루를 알차게 보낼 수 있다.

함께 여행을 하는 것만큼 관심사가 통하는지 안 통하는지를 정확하게 알 수 있는 방법도 없다. 보통은 이렇게 나뉜다. 맛집 투어, 박물관 투어, 쇼핑과 밤 문화 투어, 소문난 관광지 투어. 나는 맛집 투어도 아니고, 박물관 투어도 썩 관심이 없다. 일단 맛집 투어는 음식 하나를 맛보려고 유명하다는 그곳까지 찾아가서 기나긴 줄 끝에 드디어 맛보는 한 입에 별 감동을 느끼는 스타일이 아니기 때문에 패스고, 박물관은 내가 봤을 땐 그저 골동품 같기만 한 고대 유적에 별 감흥을 못 느껴 패스다. 첼시에 있는 갤러리 역시 그랬다. 작가가 대체 이 작품에 뭘 담아내려 한 건지. 내 눈에는 그저 붓으로 점 몇 개 찍어놓은 것 같은데 작품으로 당당히 갤러리에 걸려 있으면 내 수준과 안목이 미달인건지 아니면 작가가 의도한 바를 잘 못 담아 낸 건지 헷갈린다. 그렇게 난해한 작품 앞에서 "정말 감동적이지 않아요?"라고 말하는 사람이라도 만나면, 그때부터는 내가 아티스트적 감성과 소양이 부족한 건가 싶어 그냥 지나치려 한 작품 앞에서 괜히 2~3분을 더 머물게 되는 것이다.

첼시에서 벌써 열 군데가 넘는 갤러리를 돌아다녔지만 그나마 마음에 드는 갤러리는 한 군데뿐이었다. 이쯤 되니 갤러리 투어도 썩 재미가 없어진다. 게다가 비오는 뉴욕 하늘 아래, 바람이 세차게 부는 그곳에서 이미 크라운 모양으로 뒤집혀진 우산을 어깨에 끼고 펄럭이다 못해 찢어져가는 지도를 보며 다음 갤러리를 찾아가기란 보통 일이 아니었다. 갤러리는 뭔 갤러리냐 싶고, 지도 본답시고 우산을 잘 못 쓴 탓에 비를 맞아 춥기까지 하자 따뜻한 커피 한 잔이 생각나 카페를 찾아 나섰다.

첼시는 아티스트들의 아지트답게 이렇게 비가 오는 날에도 음악을 틀어놓고 춤을 추고 있는 댄서며 악기를 연주하고 있는 연주자들을 길에서 드문드문 볼 수 있다. 궂은 날씨에도 불구하고 비바람 속에서 사람들이 무리를 지어 어떤 이들의 공연을 보고 있었고, 어느새 나 역시 호기심에 그 무리 틈에 들어가 있었다. 꽤 흥미로운 콜라보였다. 근육질의 다섯 흑인 친구와 그에 비해 한없이 왜소하고 이 거센 비바람에 그대로 날아가 버릴 것만 같은 가녀린 체구에, 그마저 한쪽 다리가 없는 금발의 발레리나. 흑인 친구끼리 무리를 지어 길에서 웃통을 벗고 건장한 몸을 드러내며 퍼포먼스를 하는 모습은 뉴욕 어느 곳에서나 흔히 볼 수 있는 그림이다. 그런데 그들 틈에 끼어 있는 금발의 발레리나라니. 게다가 한쪽 다리가 없는 그녀가 춤을 추고 있는 모습에 난 움직일 수가 없었다. 흘러나오고 있는 음악은 발레와는 어울리지도 않는 힙합이었다. 그 음악 한 곡으로 뉴욕 할렘 뒷골목의 진한 스웩과 독일의 슈투트가르트 발레단이 한데 어우러져 하나가 되었다. 거센 비바람에도 사람들이 모여 있는 데는 이유가 있었다. 10분 넘게 한참을 제자리에서 그들의 공연을 지켜보다 정신을 차렸을 때는 어느새 사람들이 많이 빠져 있었다. 한산해진 그곳에서 나오려고 뒤를 도는 순간 내 앞으로 차 한 대가 세차게 지나갔다. 그 덕분에 나는 눈 깜짝할 새에 흙탕물을 뒤집어 쓴 생쥐 꼴이 되었다.

"Oh……, Shit!"

순도 100퍼센트의 진심이 섞인 말이 나도 모르게 튀어나왔다.

가뜩이나 흰색 셔츠를 입고 나왔는데 얼룩 하나 없이 새하얀 셔츠가 마음에 들지 않았는지 완벽하게 흙탕물로 새로운 옷을 만들어주고 떠나는 저 폭스바겐을 세워, 말아?

속상한 마음에 잔뜩 붉어진 얼굴의 나를 돌려세운 건 한쪽 다리가 없는 금발의 발레리나였다. 여전히 그녀는 우아하게 춤을 추며 내게 인사를 건넸고, 이름이 뭐냐고 물었다.

"하, 안녕. 내 이름은 섬머야."

그녀가 흙탕물을 뒤집어씌운 건 아니었기에, 그녀 앞에선 욱하고 올라오던 감정을 추슬러야 했다.

"너 이름 정말 예쁘다. 너랑 잘 어울려."

"맞아. 내가 여름을 제일 좋아하고, 여름은 나와 가장 잘 어울리는 계절이라 내가 지은 이름이야."

"멋있다! 여름이 왜 좋은데?"

"뭐랄까, 여름이 주는 강렬함이 좋아. 그리고 나는 오늘처럼 비가 오는 날을 좋아하는데 여름엔 비가 자주 오잖아. 그것도 맘에 들고."

"그런데 표정이 왜 그래?"

"응?"

"네가 좋아하는 비가 오고 있잖아. 행복해야지. 표정이 행복하지 않아. 에이, 너 여름 안 좋아하네!"

그녀의 말에 뒤통수를 얻어맞은 듯 벙찐 표정이 된 내게 그녀는 계속해서 말했다. 흙탕물을 뒤집어쓰고 표정이 안 좋은 나를 아까부터 지켜보고 있었다고. 조금 전까지 내 공연의 관객이던 네가 기분 좋게 이 공연장에서 나갔으면 좋겠다고.

"공연장이라니. 여긴 그냥 길바닥이잖아."

"내가 춤을 추고 있는 곳은 언제나 늘 공연장이야. 그리고 내 춤을 보고 있는 사람들은 누구나 내 관객이고. 기분 풀어. 비가 오잖아. 네가 좋아하는."

그리고 정점을 찍는 마지막 한 마디.

"봐! 나는 한쪽 다리가 없어도, 춤을 출 수 있어서 이렇게 행복한 걸."

그녀는 온 몸으로 말하고 있었다. 내가 지금 이 순간, 얼굴을 찡그려야 할 일이, 행복하지 않을 이유가 하나도 없다는 것을. 정말 행복해 보이는 그녀의 표정과 몸짓 앞에 내가 한없이 초라해지는 순간, 내 초라한 모습을 가리던 우산이 저 멀리 날아갔다.

"헤이! 섬머. 너도 춤을 춰봐. 좋아하는 비를 맞으면서."

건장한 흑인 친구 중 한 명이 장난치듯 내 우산을 가져갔고, 나는 그렇게 비 내리는 뉴욕 하늘 아래, 온 몸이 젖어가고 있었다. 어쩔 줄 몰라 어색하게 웃고 있는 내게 흑인2가 다가왔다.

"에이, 비 안 좋아하네!"

"아냐, 좋아해!"

이어 다가오는 흑인3.

"그런데 왜 망설여? 안 좋아하네. 섬머라는 멋진 이름은 오늘부터 내 거야."

그들은 내게 장난을 치고 있었지만, 갑자기 나는 내 인생에서 몇 안 되는 어떤 굴욕적인 순간이 불쑥 떠올랐다.

대학교 1학년 때였다. 그날은 비가 왔고, 같은 과에 인기가 제법 있는 남자 선배의 차를 우연히 얻어 타게 됐다. 집 앞에 도착해 내리려는데 집으로 오는 길에도 내내 안 틀던 음악을 갑자기 튼 선배는 "이거 하나만 듣고 가"라고 했다. 음악은 당시 유명하던 CF의 삽입곡이었고, 이미 내 귀에도 익숙한 곡이었다.

나는 괜히 그 선배에게 잘 보이고 싶은 마음에 "이거 내가 제일 좋아하는 곡이에요"라고 했고, 선배는 "제목이 뭔데?"라며 물어왔다.

잘 보이려고 던진 말이니 제목은 알 리가 만무하고, 갑작스럽게 치고 들어온 선배의 질문에 아무 생각도 나지 않고, 창피한 마음에 얼굴은 벌겋게 달아오르고 있었다.

"아, 아는데…… 선배가 갑자기 물어보니까 생각이 안 나잖아요."

"안 좋아하네. 어떤 걸 남들에게 정말 좋아한다고 말할 수 있으려면 남들보다 그것에 대해 잘 알아야 하는 거 아니야?"

그의 말에 좀 모를 수도 있지, 꼭 많이 알아야지만 그걸 좋아하는 건가 싶은 사람도 있겠지만, 내 인생에서 그렇게 낯 뜨겁던 순간이 별로 없었기 때문에 나에겐 그날 일이 굴욕으로 다가올 만큼 큰 사건이었다. 집에 가자마자 찾아본 음악의 제목은 Dido의 〈Thank you〉이었다. 그때부터다. 남들 앞에서 어떤 것에 대해 좋아한다고 말 하려면 빠삭하게 알아야겠다는 생각에 그 분야에 대한 책을 읽고, 조사하고, 그 덕분에 온갖 잡다한 지식을 섭렵하기 시작한 게. '정말 좋아해!'라는 말이 무색하지 않게.

여름을 좋아하고, 비를 좋아해서 섬머라고 이름을 지었다는 내게 '이름 값 못하고 있네'라는 투로 놀려대고 있는 그들을 보니 갑자기 그 날의 기억이 훅 떠올랐다.

"내가 춤을 출 수 있는 용기를 줄까?"

흑인4가 다가와 말하고 있었다. 고개를 끄덕이는 내게 그는 이렇게 말했다.

"어디서 왔니?"

"한국."

"네가 어디에서 왔든, 지금 이 자리에 널 아는 사람은 한 명도 없어. 그리고 지금 네가 좋아하는 비가 내려. 뭐가 문제야? 춤 춰! 음악이 마음에 안 들어? 무슨 음악을 원해?"

"……⟨Can't take my eyes off you⟩."

나는 비가 내리는 뉴욕 하늘 아래서 어느새 춤을 추고 있었다.

건장한 흑인 친구 다섯 명과 금발의 발레리나와 함께.

흙탕물에 젖은 흰색 셔츠는 어느새 빗물에 흠뻑 젖었고, 내 마음도 촉촉하게 젖어가고 있었다. 그들이 옳았다. 내가 너무 좋아하는 비가 오는 날에 아무도 날 알아보는 사람이 없는 이곳에서, 다리 한쪽이 없어도 춤을 출 수 있어 행복하다는 발레리나를 앞에 두고, ⟨캔 테이크 마이 아이즈 오프 유⟩까지 흘러나오고 있는 지금, 춤을 추지 않는 건

유죄다!

비를 쫄딱 맞으며 춤을 추고 있는데, 발끝까지 짜릿해지는 기분이 느껴졌다.

이대로 죽어도 좋겠다 싶을 만큼 그 순간 나는 정말 행복했다.

당장 한국에 돌아가서 뭘 해먹고 살아야 할지, 다시 또 이력서를 돌려야 하는지, 어디서부터 시작을 해야 하는 것인지. 가슴 한가운데에 돌덩이가 들어 앉아 있는 듯 숨이 턱턱 막히는, 대한민국 나이로 스물아홉 살을 맞이하는 백조는 어디에도 없었다.

그 때의 난 다른 의미의 한 마리 백조가 되어 자유롭게 날고 있었다.

우드앨런의 영화 〈미드나잇 인 파리〉를 보면 파리로 여행 온 소설가 길이 홀로 파리의 밤거리를 산책하다가 우연히 밤 열두 시를 알리는 종이 울리는 순간 그의 앞에 홀연히 나타난 클래식 푸조에 올라탄다. 그걸 계기로 그는 매일 밤 열두 시에 새로운 세상으로 가게 된다.

뉴욕의 어느 날 내 앞에 홀연히 나타난 흑인 친구 다섯 명과 금발의 발레리나. 그들은 내 귓가에 열두 시 종을 울렸고, 어느새 나는 새로운 세상에 가 있었다.

한산했던 자리에 많은 사람들이 우리를 보려고 몰려들었다.

때마침 노래의 결정적인 순간이 흘러나온다!

I love you baby and if it's quite all right

I need you baby to warm a lonely night

I love you baby trust in me when I say

자리에 모여 있던 모든 사람들이 어느새 노래를 따라 부르고 우리와 함께 춤을 췄다.

이 노래가 빛을 발하는 순간이다.

누구나 이 노래의 후렴구 앞에서는 가사를 몰라도 하나가 된다.

비오는 뉴욕 하늘 아래, 우산은 실로 액세서리에 불과했다.

p.s.   춤춰라, 아무도 바라보고 있지 않은 것처럼.

사랑하라, 한 번도 상처받지 않은 것처럼.

노래하라, 아무도 듣고 있지 않은 것처럼.

일하라, 돈이 필요하지 않은 것처럼.

살라, 오늘이 마지막인 것처럼

– 알프레드 디 수자 –

이렇게 웅장하게 생겼으니, 안 들어가고 배길 수가 없다.
그렇지만 저 안에서 나는 채 한 시간도 안 돼 나의 아티스트적 소양을
의심하며 도네이션 입장에 감사하면서 부랴부랴 나올 수 밖에 없었다.

She is!

난 투어리스트가 분명하지만, 관광객이 꼭 가야 하는 유명한 곳이라

고 해서 내가 별 흥미를 느끼지 못 하는 곳까지 가고 싶은 마음은 전혀

없다. 앞서 말했듯 박물관, 미술관, 전시관은 내 스타일이 영 아니다.

피프스 애비뉴에 갔을 때 외관이 안 들어가고는 못 배길 만큼 멋있는

메트로폴리탄 박물관에 한 번 들어갔다가 그렇게 볼거리가 많은 곳에

서 채 한 시간도 안 돼 부랴부랴 나온 날부터는 벌써 두 달이 다 되어

가는 동안 뉴욕에서 유명하다는 구겐하임, MOMA, 자연사 박물관 중
어느 한 곳도 가지 않았다. 그럼에도 불구하고 고대 유적 쪽이 아닌 현
대 미술이 전시되어 있는 MOMA에는 살짝 흔들리고 있었다.

국내 신용카드 중 MOMA에 무료로 입장할 수 있는 신용카드를 사
용하는 환불의 여신 덕분에 난 그녀와 함께 드디어 오늘 MOMA에 간
다.

'The Museum Of Modern Art'의 줄임말인 MOMA는 가장 번화가
인 5번가와 6번가 사이에 위치해 있다. 지하철로는 5th Ave−53rd st
에서 하차해 도보로 1분만 가면 쉽게 찾을 수 있다. MOMA 근처에는

라커펠러 센터와 세인트성당, 그리고 뉴욕 관광 사진에 늘 빠지지 않고 등장하는 러브동상이 있고, 바쁜 뉴요커의 한 끼를 든든하게 책임지는 할랄 푸드의 원조로 유명한 할랄가이즈^{Halal Guys}도 있다. MOMA 입장료는 성인 25달러인데, 금요일 오후 네 시부터는 무료입장이니 돈을 내고 구경하고 싶지 않은 사람은 금요일 오후 네 시를 노리는 것도 좋다.

기대를 하나도 하지 않고 가서였는지는 몰라도, MOMA에 오지 않으면 후회할 뻔 했다고 생각하는 중이다. 고대 유적보다 현대 미술 쪽이 나와 맞나 보다. 늦은 시간에 간 탓에 곧 폐장할 시간이 다가오고 있었고, 그녀와 나는 층마다 다 둘러볼 수 없어 층별 안내서를 참고해 꼭 보고 싶은 작품이 전시된 층만 둘러보기로 했다. 그렇게 한참을 '사람들이 이래서 MOMA MOMA 하나보다' 하며 피카소, 샤갈, 앤디워홀, 고흐 등 유명한 화가의 작품을 감상하고 있는데 혼자 온 듯 보이는 백인 남자가 내게 다가왔다.

"안녕!"

"응, 안녕!"

"그림이 멋지지?"

"그러게. 멋지네."

"입고 있는 옷 되게 멋있다. 디자이너니?"

"아니. 난 그냥 투어리스트야."

그는 투어리스트라는 내게 계속해서 무슨 말을 했고, 나는 원어민의 유창한 영어 실력에 이미 넉다운이 되어 있었다. 다행히 오랜 시간 외국에서 자란 환불의 여신이 내 곁에 있었고, 그녀는 날 대신해 어느새 그와 이야기를 하고 있었다.

"언니 얘가 뭐래?"

"네가 마음에 들어서 아까부터 지켜보고 있었대. 같이 바에 가서 맥주 한 잔 하지 않겠냐고 하는데?"

'내 마음을 전해 들었지?'라는 표정을 짓고서 내 대답을 기다리고 있는 그에게 나는 "Sorry. No thanks"라는 대답을 남기고 아쉬워하는 남자 곁에서 멀어졌다.

"왜? 마음에 들면 같이 맥주 한 잔하지?"

그러게 말이다. 내 인생에서 고상하게 고흐, 피카소, 샤갈의 그림을 보다가 말을 건네 오는 백인 남자와 또 만날 날이 있을까 싶은데, 아쉽게도 그는 내 스타일이 아니었다.

뉴욕에 온 뒤로 내가 마음에 든다고 말을 건네 왔던 수많은 남자들 중에 백인 남자는 방금 전 그가 처음이었다.

"언니! 나 뉴욕 와서 지금까지 되게 많은 남자들이 말 걸어왔는데, 백인 남자는 저 사람이 처음이다?"

"하긴 백인 남자들이 원래 길에서 말 걸고 그런 스타일은 아니지. 그런데 너 여기서 되게 인기 많나보다!"

"언니, 그 사람이 그러더라. 여기서 혼자 다니는 동양 여자한테 말 안 거는 남자 없대. 그냥 동양 여자를 쉽게 생각하는 거라던데 뭘."

"웃기시네! 나는 그렇게 혼자 돌아다녀도 남자들이 말 한 번을 안 걸더라. 네가 여기 애들이 좋아하는 스타일인가 봐."

미스터 프린스턴에게서 이미 혼자 다니는 동양 여자에게 언제나 추파를 던지는 게 이곳 남자라는 소리를 들어 언니의 말에도 그냥 웃어 넘기려는데 그 순간, 익숙하지 않은 어설픈 한국말이 들려왔다. 소리의 근원지는 MOMA 전시장을 지키는 가드였고, 한국인이 얼마나 이곳을 많이 왔다갔는지는 모르겠으나 그는 그들에게서 어설프게나마 배운 한국말로 나를 보며 "예뻐요"라고 말하고 있었다.

"섬머. 이쯤 되면 너 여기로 이민 와야 하는 거 아니야?"

"오늘부터 진지하게 생각해 보려고."

외국에서 오래 산 그녀는 한국 남자가 여리여리하고 청순한 스타일을 좋아한다면 이곳 남자들은 건강미가 느껴지는 섹시한 여자에게 환장한다고 했다. 내가 후자의 스타일이라는 것이 아니라, 여리여리와 청순이란 단어와는 한참 동떨어진 내가 왜 한국에선 이곳에서만큼 이나 대접받지 못 했는지 알 것 같았다. 기왕이면 모국에서 인기 있는 스타일이면 좋았으련만. 아쉬워하며 그녀와 함께 다른 층으로 이동하는데, 방금 전 백인 남자와 다시 마주쳤다.

그와 눈이 마주친 나는 살짝 눈인사를 하며 그의 곁을 지나쳤고, 나를 스치던 그에게서 "She is!"라는 말을 들을 수 있었다.

"언니, 방금 쟤가 뭐라 한 거야?"

"쟤가 너 엄청 마음에 들었나보다."

"왜?"

그녀에게서 전해들은 그의 말은 '아, 저 여자인데 말이야!'라는 아쉬움이 가득 담긴 표현이었고, 나는 그 말에 잠시 잠깐 설레었다.

"언니, 나 그동안 마음 고생하느라 좀 피폐해졌나? 왜 방금 그 말이 이렇게 로맨틱하게 들리지?"

"널 다시 보고 지나치면서 굉장히 아쉬워하는 것 같았어."

이 상황이 영화였다면, 아마 다음 장면은 다른 플로어에서 다시 만난 우리가 그가 말한 대로 뉴욕의 어느 바에 가서 앉아 있는 장면이지 않을까? 시끌벅적한 뉴욕의 어느 바에서 마주 앉아 이런 저런 이야기를 나누다 하나둘씩 늘어가는 서로의 교집합에 "아까 널 그대로 놓쳤다면 후회했을 거야"라는 남자의 대사에 맞춰 "미안해. 처음부터 널 몰라봐서"라는 여자의 마지막 대사. 그리고 서로 누가 먼저랄 것 없는 숨 막히는 키스가 오가고 넘어가는 다음 장소는 창문 틈으로 들어오는 달빛만이 유일한 조명인 어두컴컴한 남자의 스튜디오. 그곳에서 뜨거운 밤을 보내는 장면을 마지막으로 이들의 달달한 멜로는 끝이 날 것이다. 며칠 뒤면 한국으로 다시 돌아가야 하는 여자의 일정 앞에 현실적인 대화들이 오가며 여행지에서의 로맨스는 하룻밤 꿈처럼 끝이 나나 싶은데, '참 예쁜 꿈 꿨다'라고 생각하며 공항에 앉아 있는 여자 앞에 모습을 보인 남자. 돌아가지 않으면 안 되겠냐고, 이곳에 남아 나와 함께 하지 않겠냐고 물어오는 그의 앞에 선 여자의 선택은?

"돌아가야죠! 여행지에서 운명처럼 느껴지는 남자와의 로맨스는 순간일 뿐이에요. 잠시잠깐 그 분위기에 취해서."

"그렇겠지? 그럴 거야."

숙소로 돌아와 과자를 안주삼아 맥주를 홀짝이던 나와 룸메는 어느새 MOMA에서 있었던 로맨틱한 사건으로 영화 시나리오를 만든다면 다음 스토리는 어떻게 될 것 같으냐 하는 이야기로 넘어갔고, 룸메는 당연히 여자가 한국으로 돌아가야 한다고 했다. 그게 현실이라고.

아마 미스터 프린스턴과 뉴욕에서 영화처럼 만났더라면 난 방금 전 이야기를 무조건 해피엔딩으로 끝냈을 거다.

"아니. 여자는 결국 사랑을 택해서 뉴욕에 남을 거야. 한국으로 다시 돌아간다고 해도, 다시 뉴욕으로 돌아올 거야"라고 말하고 싶은데 이제는 자신 있게 "여자는 사랑을 택해서 남을 거야"라는 말이 나오지가 않는다.

- 진정한 사랑을 한 번도 못 해봤지?
- 해봤어요. 그 덕에 병신 됐죠.

영화 〈아멜리아〉에 나오는 대사가 갑자기 생각났다.

세상에 영원한 사랑이라는 게 대체 존재하긴 하는 걸까?

요즘 시대에 꿈을 좇아 산다고 하면 꿈속에 살고 있는 사람 취급을 받는 것처럼, 사랑 역시 마찬가지가 돼버린 듯하다. 갈수록 사람들이 사랑 앞에 인색해진다. 누군가를 만나고 마음을 주는 시간에 자신을 더 아끼고 사랑하고, 자기 자신에게 투자하는 자기계발을 택한다. 자기계발에는 사랑만큼 좋은 것이 없다고 사랑 예찬론자인 나는 늘 주장해왔지만, 이제는 확신이 서지 않는다. 매번 뒤통수를 치고 사람을 어리석게 만드는 사랑이란 게 정말 필요한 건지. 환불의 여신 말대로 눈에 보이지도 않고 그 형태 따위 영원히 알 수도 없는 진심, 마음, 뭐 이런 것보다 그나마 손끝으로 촉감이라도 느낄 수 있는 샤넬 백이나 티파니 다이아몬드를 선택하는 쪽이 훨씬 현명한 건 아닌지.

늘 나를 사랑했던 남자들은 적극적이었다. 그들의 남자답고 적극적인 모습에 매번 이번엔 속지 말아야지 하면서도 어느 샌가 별 수 없이 그들에게 마음을 열 때면, 이미 그들의 마음은 처음과 같지 않았다. 글쎄, 남자들은 변함없이 처음과 같다고들 하지만, 상대방의 농담이 듣는 입장에서도 농담으로 받아들여야 농담인 것처럼 사랑도 마찬가지라고 생각한다. 사랑을 받는 입장에서 사랑의 크기가 줄었다는데, 넘치는 건 바라지도 않으니 제발 처음 줬던 양만이라도 달라는데, 처음과 변함이 없다는 그들은 여자의 요구가 이해되지 않는다.

이해할 수 없는 건 우리 쪽도 마찬가지다. 처음엔 사탕 열 개를 주더니 점점 그 갯수가 줄어들어 가는데 그에 만족할 여자는 없다. 처음엔 열 개를 줬으면서 지금은 왜 다섯 개야? 처음이랑 다르잖아! 이럴 거면 처음부터 다섯 개만 주지 그랬어. 남자들은 다 똑같아!

여자들의 지겨운 멘트가 여기서부터 시작되는 거다.

그러다보면 '돈이 없어서 열 개를 못 사오는 거니? 그럼 내 돈을 보태줄게' 내지는 '다섯 개만이라도 만족할 테니 거기서 더 줄어들지만 마'까지 추락하면서 결국은 사탕을 구걸하는 내 모습이 초라해져 헤어짐을 택하게 되는 지겨운 사탕 싸움.

이제 그 싸움에 그만 놀아나고 싶어졌다.

내가 누군가를 미스터 프린스턴을 사랑하는 것만큼 순수하고 열정적으로 사랑할 수 있을까?

사랑을 또 한 번 믿을 수 있을까?

더는 자신이 없다.

로맨틱 블랙 프라이데이

남자 선물을 고르는 건 나이를 먹어도 언제나 어렵다.

게다가 남자 선물을 골라본 게 언제인지 기억도 안 나는 나에게는 더더욱 어렵다.

센추리21은 명품 할인 백화점으로, 상품 구성 또한 다양하다. 명품을 반값에 살 수 있는 행운이 넘쳐나는 곳이라 블랙 프라이데이인 지금은 성수기 중 대박 성수기다.

한국으로 곧 돌아가는 나는 가족들 선물을 사야 했다. 엄마 선물은 아주 쉽게 골랐지만, 아빠와 남동생이 문제다. 게다가 한국 남자 사이즈와 미국 남자 사이즈가 달라 미리 조사를 하고 갔는데도 눈앞에 보이는 실물 사이즈가 나를 또 다시 혼란스럽게 한다.

'너무 큰 것 같은데. 아닌가? 이 정도는 입나 보통?'

벌써 이 큰 매장을 세 시간이나 돌았다. 한 번 사가지고 가면 환불도 교환도 어렵고, 처음으로 미국에서 사가는 선물이라 신중에 신중을 기하고 있는데 남동생 선물로 제격일 것 같은 스웨터를 발견했다.

'나이스.'

스웨터 한 벌에 두 손이 겹쳐졌다. 한 손은 내 손이지만, 다른 한 손은 아시아인으로 보이는 젊고 예쁜 여자의 것이었다.

"Oh! Sorry."

간발의 차로 내 손이 먼저 스웨터에 닿았기에 그녀는 황급히 스웨터에서 손을 뗐다. 원래 사람 심리가 그렇다. 별 생각 없다가도 한정판이라는 소리를 들으면 괜히 더 갖고 싶고, 그냥 잠깐 한 번 볼까 해서 집어 든 스웨터에 다른 한 손이 겹쳐지니 더 괜찮은 것만 같고, 사지 않으면 후회할 것 같고. 이리저리 훑어본 스웨터는 디자인이며, 컬러며, 사이즈며, 모든 면에서 남동생과 딱 맞아 떨어지는 듯했다. 일단 킵 해두기로 하고 카트에 담아 다른 섹션에서 다른 옷들을 살펴보고 있는데 아까부터 계속해서 누군가가 따라오고 지켜보는 느낌이다.

뒤를 돌아볼 때마다 눈이 마주치는 방금 전 아시아인 여자.

내가 착각한 것일 수도 있기에 아예 다른 층으로 가볼까 싶어 에스컬레이터를 타려는데 뒤를 돌아보니 여전히 그녀가 있었다.

왜 자꾸 따라 오는 거지? 그녀는 뭔가 할 말이 있는 듯 보였지만 망설이는 것 같았다.

찝찝하다. 언제까지 따라올 심산인지도 궁금하고.

"Excuse me."

나는 먼저 그녀에게 말을 건넸고, 그녀는 내가 먼저 말을 걸어와서 놀란 눈빛이었다.

"Do you have something to tell me?"

"Oh, so sorry. Are you Korean?"

그녀는 내가 자신 때문에 불쾌함을 느꼈을까 봐, 굉장히 미안한 표정으로 내게 사과했고, 그녀 눈에도 내가 한국인으로 보였는지 한국 사람이냐고 물어왔다.

"네. 한국 사람이에요. 한국분이시죠?"

"네. 저도 한국 사람이에요. 저 때문에 기분 상했다면 미안해요. 사실은 아까 전 그 스웨터 때문에요. 오늘이 제 남편 생일인데 남편이랑 며칠 전에 왔을 때 방금 그 스웨터를 마음에 들어 했거든요. 블랙 프라이데이라 그런지 사이즈가 그거 하나밖에 없다네요. 혹시라도 마음에 안 드시면 제가 사려고 계속 지켜보고 있었던 거예요. 신경 쓰이게 해서 미안해요."

"아, 네."

남편의 생일 선물로 이 스웨터를 얼마나 선물해주고 싶었으면, 나를 계속해서 따라다녔을까 싶었다. 그녀에게서 겉으로는 보이지 않는 진심이 느껴졌다.

"이거, 남편 분 선물해주세요."

"어머! 그래도 돼요? 그 쪽도 선물하려고 고른 거 아니에요?"

"맞는데 제 동생이 별로 마음에 안 들어 할 것 같아요. 더 마음에 들어 하는 사람이 입는 게 좋죠."

나는 그녀에게 스웨터를 양보했다. 세 시간을 돌아다녀 겨우 찾은 옷이었지만, 왠지 내 동생의 옷이 아닌 것처럼 느껴졌다. 그녀는 스웨터를 양보해줘 너무 고맙고 한국 사람을 만나 기쁘다며 내게 커피라도 대접하고 싶다고 했다. 우리는 센추리21 근처의 스타벅스로 이동했다.

그녀는 변호사였다.

환불의 여신도 그렇고 요새는 얼굴 예쁜 사람들이 똑똑하기까지 하다. 갈수록 살기가 어려워지는 세상이다.

"연지 씨는 뉴욕에서 공부해요? 학생?"

"아니요, 전 그냥 여행 중이에요. 이제 곧 한국으로 돌아가야 해서 가족들 선물 사는 중이었어요."

"그런데 저한테 양보해준 거예요? 더 미안해지네요."

"아니에요. 제 남동생 옷은 또 있겠죠 뭐. 언니는요? 여기서 결혼해서 사시나 봐요."

"3년 전인가, 뉴욕으로 출장 왔다가 만난 남자랑 결혼해서 이렇게 살고 있네요."

"그게 가능해요? 운명이었나 보다."

"운명인지 아닌지는 모르겠는데, 결혼할 사람이었나 봐요. 사실 이 남자랑 결혼하면 한국에서 안 살아도 되니까 그게 좋았죠. 당시에는."

"한국에서 살기 싫으셨나 봐요?"

"죽을 만큼 싫었다고 해야 하나? 하루하루 왜 사나 싶은 거 있잖아요. 그렇게 살았어요."

그녀는 요즘말로 엄친딸이었다. 좋은 집안에서 태어나 스펙까지 완벽한 그녀는 남들은 자신을 보면 부러워죽지만 정작 본인은 숨 막혀 죽을 것 같았다고 했다. 변호사라는 삶도 본인이 원한 삶은 아니었다고. 부모님 때문에 택한 삶이라 하루하루가 지옥 같던 그녀의 삶에 뉴욕 출장은 하느님이 유일하게 처음으로 인생을 선택할 수 있는 기회를 준 것 같다고 했다.

"한국 사회는 이제 정해진 루트가 생겨버린 것 같아요. 그 루트를 벗어나면 왠지 인생에 패배자가 된 것 같고, 잘못 산 것 같고, 남들보다 한참 뒤쳐지는 것 같고. 그런데 이곳은 아니었어요. 루트에서 벗어나도 날 알아보는 사람 하나 없는 이곳에서는 내 선택 하나하나가 모두 자유롭죠. 너무 웃긴 게 뭔지 알아요? 한국에서 영어를 못하면 쟤는 지금까지 뭐 했나 싶은 눈초리를 받는데 이곳에서 한국인인 내가 영어를 못하는 건 당연한 거예요. 오히려 영어를 잘하는 게 이상한 거죠. 외국인이 한국에서 한국말 잘해 봐요. 이상하잖아요. 그런데 한국 사회에서는 남의 나라 언어인 영어를 못하는 게 이상한 게 돼버렸어요. 언제부턴가."

그녀는 한국을 떠나 정해진 루트가 없는 자유로운 선택이 가능한 이곳에 와서 행복하다고 했다. 그리고 그 선택엔 지금의 남편이 있다고.

"남편분도 같은 일을 하세요?"

"아니요, 우리 남편은 음악해요. 연지 씨는 집에서 반대하는 결혼 하지 말아요. 나처럼 신림동 백순대가 너무 먹고 싶어도 집에서 반대하는 결혼하면 한국에 들어가질 못해요."

"남편 분을 반대하셨나 봐요?"

"그렇죠. 부모님이 원하는 사람과 결혼을 안 할 거면 최소한 그 정도 조건에 상응하는 남자를 데리고 갔어야 하는데 부모님 마음에 지금 내 남편은 턱없이 부족하죠. 집안이 좋은 것도 아닌데 음악까지 한다니. 그냥 무작정 그 사람 하나 보고 이곳으로 왔어요."

"그럼 결혼식도 안 하고 그냥 사시는 거예요?"

"식은 그냥 우리끼리 간단하게 했어요. 얌전한 고양이가 부뚜막 먼저 오른다고, 서른 넘어 찾아온 반항심과 사춘기는 파장이 더 큰 법이죠."

"좋아 보여요."

"고마워요. 연지 씨는 남자친구 있어요? 당연히 있을 것 같은데?"

"그러니까요. 당연히 있어보여서 없나 봐요."

"왜? 이렇게 예쁜데! 한창일 때 연애 많이 해야 해요. 연애 많이 못 해보고 결혼하면 얼마나 후회하는지 몰라요."

"연애라는 거, 이제 지긋지긋해요."

그녀가 처음 본 내게 자신의 인생을 말해줬듯 나 역시 뉴욕까지 오게 된 연유를 설명했다. 그리고 더는 사랑할 수 없을 것만 같다고, 또다시 내 자신을 잃게 될까 봐, 그렇게 상처투성이가 되는 것이 두렵고 겁이 난다고 했다.

"지금 연지 씨는 미스터 프린스턴에게 어떤 마음인데요?"

"지금은…… 고마워요. 날 이곳에 오게 해준 사람이니까. 그가 아니었으면 모든 걸 뒤로 하고 이곳에 이렇게 길게 못 왔을 것 같아요."

"맞아요. 그 사람이 연지 씨에게 많은 걸 느끼게 해준 것 같은데요? 그래도 그동안 많이 힘들었겠다. 미스터 프린스턴이 한국에 간다고 했을 때 많이 서운했을 것 같아요."

"정말 솔직히 말하면, 바보 같을 수 있겠지만 기쁘기도 했어요."

"뭐가 기뻐요?"

"한국에 있을 때 그 친구랑 통화할 때면 그 친구가 가족 얘기를 가장 많이 했어요. 들을 때마다 그 친구 마음을 전부 가늠할 순 없지만 느껴졌거든요. 가족을 정말 많이 그리워하고 사랑하고 있구나. 그래서 솔직히 말하면 서운함 뒤에는 그 친구가 가족들이랑 시간을 보낼 수 있어서 기쁘다는 마음도 커요. 저 좀 바보 같죠? 제가 이래요. 생긴 건 남자 등골 빼먹게 생겼다는 말 엄청 듣거든요? 그런데 남자 친구한테 길가다가 좌판에서 파는 머리 핀 하나 사달라는 말도 못하는 바보예요, 제가."

"연지 씨 진짜 너무 괜찮다. 남동생 있으면 소개시켜주고 싶어요! 아마 연지 씨는 정말 좋은 사람 만날 거예요. 좋은 사람이니까. 사랑을 할 줄 아는 사람이 사랑을 받을 줄도 아는 거예요. 그리고 사랑해본 사람이, 사랑을 할 줄 아는 사람을 알아보는 거고요. 똥차 가고 벤츠 온다잖아요. 아! 미스터 프린스턴이 똥차라는 건 아니에요."

"똥차 가고 얼마나 좋은 차 오려고 이러나 싶어요. 롤스로이스나 벤틀리 급은 와야 하는 거 아닌가요?"

그녀는 처음 만난 사이라는 게 믿기지 않을 만큼 나와 대화가 잘 통했다. 처음 계획한 것보다 티타임은 길어졌고, 우리의 수다를 중단시킨 건 그녀를 데리러 온 그녀의 남편이었다.

처음 본 그는 예상한 대로 훈훈한 교회 오빠 이미지였다. 그가 미모의 그녀와 나란히 선 모습은 선남선녀가 따로 없었다.

"Hi! Nice to meet you. My name is Summer!"

꽃 미소를 날리고 있는 그에게 먼저 건넨 나의 인사는 그녀의 수화로 그에게 전했다.

"제 남편은 청각장애인이에요."

뒤통수를 한 대 세게 얻어맞은 기분이랄까? 표정관리도 안 되고, 충격에 얼어있는 내게 그와 그녀는 익숙한 반응이라는 듯, 개의치 않는다는 듯, 오히려 내게 이런 충격을 줘서 미안하다는 느낌으로 환하게 웃어줬다. 그리고는 그가 입을 열었다.

"Hi! Nice to meet you too. I'm Mike!"

수화로 이야기할 줄 알았던 그는 청각장애인이란 사실을 전혀 모를 만큼 말을 잘했고, 내가 불편할거라 생각했는지 잠시 센추리 21을 둘러보고 온다며 자리를 비켜줬다.

"아까 음악을 하신다고……."

"맞아요. 나도 처음엔 저 사람이 날 놀리나 싶었는데 직접 작곡했다는 음악을 건반으로 쳐서 들려주는데 깜짝 놀랐어요."

"대단해요. 언니 멋있는 사람이네요."

"에이, 내가 멋있는 게 아니라 저 사람이 멋있죠. 난 평생을 수동적인 삶을 살던 사람이었는데, 저 사람 만나서 많은 걸 느껴요. 내가 하고 싶은 일을 하며 산다는 게 얼마나 행복한 일인지. 저 사람 덕분에 다시 태어난 기분이에요."

"오빠한테 반하게 된 결정적인 계기가 있어요?"

"말에 속았죠 뭐. 피아노 치면서 내가 자신이 두 눈으로 볼 수 있는 가장 아름다운 음악이라는데, 그런 말을 하는 남자 앞에서 어떻게 안 넘어가요? 알고 보면 영악하다니까요? 피아노도 내 생각엔 여자 만나려고 배운 것 같아. 알죠? 피아노 치는 남자 멋있는 거?"

"죽이죠. 나는 그렇게 섹시하더라. 남자가 피아노 치면."

"그거야. 그거에 나도 넘어간 거야."

마이크 부부와 나는 자리를 옮겨 저녁까지 함께 했다.

나는 저녁을 먹는 내내 그녀와 그에게서 눈을 뗄 수가 없었다.

세상에서 가장 아름다운 러브송이 그들에게서 연주되고 있었다.

"행복해 보여요, 두 분 다. 어딜 가야 이렇게 좋은 인연을 만나는 거죠?"

"섬머가 당신과 나처럼 좋은 인연을 만나고 싶대."

그녀는 그에게 수화로 내 말을 전했고, 그는 서둘러 이야기를 해주고 싶다는 듯 입 안에 있는 스테이크를 빠르게 씹어 넘기고는 입을 열었다.

"섬머의 인연은 반드시 있어요! 사랑을 포기하지만 않는다면. 내가

장애인이라고 해서 사랑을 포기했다면 아마 난 지금처럼 아름다운 음악을 만들지도 못했을 거고, 그럼 이 여자를 만나지도 못했겠죠. 그렇게 생각하면 끔찍해요. 난 아무리 힘들어도 사랑을 포기하지 않았어요. 꼭 내 인생에 아름다운 음악을 쓰게 해줄 사랑을 만날 수 있을 거라고 믿어왔고, 만났어요. 이 사람이 내 음악이에요."

100프로다. 외국 남자들은 전부 로맨틱한 멘트를 학교에서 전문적으로 배우는 게 분명하다. 그리고 그녀 역시 내 생각에 동의하나보다.

"이렇다니까요. 이렇게 말로 사람을 죽여요. 이 남자는."

마이크 부부와 함께 한 저녁식사는 내 인생에서 최고로 아름다운 저녁식사로 기억될 것이다. 나는 그들에게서 사랑을 봤다. 사랑이 눈에 보이는 순간이었다.

집으로 돌아오는 길에 생각했다.

내가 사랑을 못 믿고, 앞으로 못 할 이유가 뭐가 있는지.

난 아직까지 사랑하는 남자에게 사기를 당해 돈을 뜯겨본 경험도 없고, 바람을 피워 헤어져본 적도 없고, 폭행 폭언을 일삼는 알콜 중독자를 만난 경력도 없다. 입만 열면 거짓말을 일삼는 별 거지같은 놈을 만나본 적도 없고, 게임에 빠져 사는 남자를 만나 피시방으로 매일 찾아다닌 기억도 아직까지 없다.

그간 내가 만나온 남자는 날 뜨겁게 사랑해줬고, 다만 초반에 에너

지를 너무 쏟은 탓에 때가 돼서 소진된 것뿐이라고 생각하면, 앞으로
는 온도 조절을 할 줄 아는 남자를 만나 초반과 같이 활활 타오르는 불
씨가 꺼져도 여전히 온기가 남아 있는 온돌방 같은 사랑을 하면 되는
것이다.

"언니, 혼자 무슨 생각해요?"

"키스하고 싶다는 생각."

아니라고는 하는데 모태솔로가 분명한 듯한 룸메가 방에 들어왔다
가 내게 가운데 손가락을 올리고는 나갔다. 난 그녀가 꼭 사랑을 했으
면 좋겠다.

그리고 나 역시 또 다시 사랑을 할 것이다.

되는 일도 없는 퍽퍽한 세상에 사랑마저 하지 않는다면 무슨 재미
로 살까?

사랑에 상처받고 울며불며 죽네 사네 하면서도 여전히 난 사랑이
밥 먹여주는 여자다.

이쯤 되면 이름을 김러브로 개명하는 게 맞지 싶다.

갑자기 찐하게 키스가 하고 싶다. 키스라는 것을 한지가 언제더라.
기억도 가물가물하다.

사랑한다는 말 백 번보다, 딥한 키스 한 번이 그리운 밤이다.

그리하여, 사랑은 언제나 옳다.

뉴욕 하면 크리스마스! 크리스마스 하면 뉴욕!

크리스마스 하면 뉴욕을 빼놓을 수 없다.

　나는 크리스마스를 일주일 앞두고 귀국하는 일정 탓에 크리스마스 당일을 뉴욕에서 보내지 못하지만, 이미 이곳은 세상 어느 곳보다 빠르게 크리스마스를 맞이할 준비를 하고 있는 듯하다. 뉴욕 시내 전체가 크리스마스 분위기로 한창이었다.

12월에 들어서자마자 조금 이른 감이 있는 크리스마스 캐롤이 거리에서 울려 퍼지고, 구세군 종소리까지 화음을 더하고 있었다. 게다가 온통 반짝이는 조명 탓에 거리는 온종일 불야성이고, 벌써 백화점 외관을 꾸미고 있는 화려한 크리스마스 장식은 발걸음을 떼지 못 하게 시선을 사로잡는다.

뉴욕의 크리스마스 시즌은 무엇을 상상하든 그 이상의 크리스마스 장식을 볼 수 있는, 화려한 뉴욕이 더욱 화려해지는 순간이다. 그 정점을 찍는 건 라커펠러 센터 앞의 대형 트리와 삭스 피프스 애비뉴 백화점 외관을 멋지게 장식하고 있는 조명이다. 조명만으로도 충분한데 분수 쇼처럼 음악에 맞춰 조명 쇼까지 펼쳐진다. 모두가 가던 길을 멈춰 그곳에서 음악이 끝날 때까지 조명 쇼를 감상한다. 그리고 그 쇼가 끝나는 순간 마치 링컨 센터 콘서트홀에서 공연을 본 것처럼 박수갈채가 길거리를 가득 메운다. 이어지는 카메라 플래시 세례. 모두가 한마음 한뜻으로 조명 쇼가 펼쳐지고 있을 때는 동영상을 찍고 있는 사람들 앞을 가리지 않는다. 뉴욕에서는 크리스마스가 모두가 함께 즐기는 축제인 듯하다. 뉴욕은 가을이라는 말이 있다지만, 내 생각에 뉴욕의 장관은 겨울이다. 미친 듯이 눈이 내리고 밖에 서 있는 것만으로도 고문인 살인적인 추위가 기다리는 뉴욕의 겨울에는 그 모든 걸 즐

겹게 해줄 블랙 프라이데이와 크리스마스, 볼드롭 행사까지 있다. 겨울의 뉴욕은 볼거리와 즐길 거리가 너무나도 많다.

오늘은 환불의 여신과 라커펠러 센터 앞을 장식하는 크리스마스 트리 점등식 행사를 가기로 했다. 본격적으로 뉴욕의 크리스마스 시즌을 알리는 행사다. 어마어마한 사람들이 몰릴 것으로 예상되지만, 크리스마스 당일을 일주일 앞두고 한국으로 떠나야 하니 점등식 행사만큼은 꼭 보고 싶었다.

큰 행사가 있는 날만큼 맨해은 길거리는 사람으로 가득했다. 진작 나와서 라커펠러 센터 앞에서 대기하고 있어야 했나보다. 이미 대기 라인이 어딘지도 모를 만큼 줄은 온 사방으로 늘어나 있었고, 그 중 가장 짧아 보이는 줄에서 대기한지 어느새 40분이 되어가고 있었다. 며칠 뒤에 내가 한국으로 떠나는 것처럼 환불의 여신도 라스베이거스에서 있을 인터뷰를 보기 위해 뉴욕을 떠난다.

"언니, 나 여기 다시 올 수 있을까?"

"다시 못 오게 될까봐 겁나지?"

"응. 이렇게 떠나면 내가 이곳에 또 언제 올 수 있을까?"

"나도 라스베이거스에서 안 되면 어쩌나 싶어. 생각이 많아."

"언니도 나도 생각이 많을 나이인가봐. 대체 그 놈의 생각은 언제쯤 없어져?"

"그러게."

우린 미래 앞에 생각이 많은 나이였다. 직장도 직장이고, 어느새 30대에 접어든 그녀와 30대를 앞둔 나에게는 결혼이라는 것도 덩치 큰 고민거리 중 하나였다. 그리고 난 어느새 진지하게 뉴욕에서 공부하고 일하는 미래를 꿈꾸고 있었다.

"외국에서도 살아보고 한국에서도 살아봤지만 각자 자기에게 맞는 곳이 있는 것 같아. 물론 여행 와서 잠깐 있어본 이곳이랑, 일을 하게 될 이곳은 확연히 다를 거야. 그리고 아무래도 한국 사람한테는 한국이 제일 좋아. 그래도 네가 이곳에서 살아보고 싶고 새로운 미래를 꿈꾸고 싶다면, 난 너의 선택을 존중해. 그리고 어떻게 하면 좋을지 같이 고민하고 기도해줄게."

그녀는 내 선택을 존중하고, 같이 방안을 모색해주겠다고 했다. 든든한 지원군을 얻은 기분이었다. 그녀의 말이 맞다. 잠깐 두 달 동안 내 돈 쓰면서 여행하며 느낀 이곳과 남의 주머니에서 돈을 받아내야 하는 일을 하며 생활하는 이곳은 확연히 다르겠지. 그리고 기본적으로 언어 문제도 해결해야 하고, 비자 문제며 일은 또 어떻게 구해야 할 것인지 등의 부딪혀야 할 현실적인 문제가 너무나도 많지만, 그럼에도 불구하고, 난 도전하고 싶다.

두 달간 이곳에 있으면서 느낀 것은 난 아주 작은 세상 속에 살고 있었다는 것. 그리고 우물 안 개구리처럼 살기엔 내 인생이 너무나도 아깝고, 이제 색이 바랄대로 바란 줄 알았던 내가 여전히 빛나고 있다는 거였다. 젊은 날에 한 번쯤 외국에서 살면서 나와 다른 문화를 가진 사람들과 생각을 공유하고 생활을 함께해 그 속에서 얻는 깨달음은 한국으로 돌아가 새로운 직장을 구하려고 아등바등하고, 그렇게 구한

삭스 백화점 외곽을 수놓는 조명 쇼.
음악에 맞춰 조명이 하나둘씩 켜지고 나중에는 저 조명이 백화점 외곽을
가득 채우는데, 입이 다물어지지 않는다. 쇼가 끝나고 일제히 터지는 박수
소리는 길거리를 가득 메운다. 처음엔 마냥 신기해서 쳐다보게 되고,
두 번째 때는 동영상을 찍게 된다. 그리고 마지막 세 번째 때, 다시 육안으로
한 번 더 보고나서야 발걸음을 옮길 수 있다.

직장에서 한푼 두푼 모으며 살아가는 것보다는 더 내 인생을 풍성하
게 해줄 것을 익히 알고 있기에, 늘 그랬듯 나는 마음이 끌리는 쪽으로
몸을 움직이려 한다. 단 하루도 억지로 사는 삶은 싫다. 그런 의미에서

뉴욕은 자유로운 선택과 삶이 가능한 곳이고, 다양한 것을 담아내기에 충분한 곳이었다.

"연지 씨, 아무래도 입장 못 할 것 같아. 자리가 다 찬 것 같아."

벌써 대기라인에 서있은 지 거의 한 시간이 돼가고 있었다. 좀처럼 줄이 줄어들 생각을 안 하자, 그녀는 앞의 동태를 살피고 왔고 아무래도 오늘 점등식은 볼 수 없을 것 같다고 했다. 주위를 둘러보니 어느새 맨해튼에 나와 있는 사람들 숫자만큼 IS테러 위협을 방지하기 위해 나온 NYPD도 길거리에 가득했다. 볼 때마다 느끼는 거지만, NYPD에게서 느껴지는 아우라는 대단하다. 그들은 길에 나와 있는 것만으로도 공포 분위기를 조성하고 있었다. 그 옆에 한 번 물었다 하면 절대 놓아주지 않을 것 같은 사냥개도 한몫, 아니 두 몫을 톡톡히 한다. 이곳 사람들에게는 이미 익숙해질 만큼 익숙해진 광경이지만 나는 좀처럼 적응이 되지 않는다. 이럴 때가 고국이 그리워지는 순간이다. 한국만큼 안전한 나라도 없는 것 같다. 그 광경을 보고 있자니, 사람 마음이 또 이렇게나 한순간이다.

"언니, 아무래도 귀국 일정 앞당긴 건 잘한 일 같아."

"크리스마스나 볼드롭 행사 때 뭔 일이 있어도 있을 것 같지?"

"뉴욕에는 나중에 다시 오는 걸로 하고, 일단은 한국으로 빨리 돌아가는 게 좋겠어."

며칠 뒤, 나는 라커펠러 센터 앞 대형 크리스마스 트리를 보러 혼자
다시 찾아갔다.

세상에 태어나 그렇게 큰 트리는 처음이다. 트리를 장식하고 있는
각종 장식과 트리 앞을 꾸미고 있는 천사의 조형물이 따뜻한 색감의
조명과 어우러져 잠시잠깐 천국이 있다면 이곳일까 착각하게 한다.
그 앞에서 너나나나 할 것 없이 사진을 찍고 있는 사람들의 행복한 표
정이 그 착각을 더해준다. 날이 아무리 춥다한들 뉴욕에서는 따뜻함
이 느껴지는 요소가 길 어딘가에 늘 있다.

당신은 이 트리를 봐도 벌써 몇 번을 봤겠지? 당신 말대로 난 광주
촌년이라 이번이 처음인데 굉장하다. 이렇게 멋있는 광경을 지금까지
못 보고 살았다는 게 너무 아까운 거 있지? 하루 동안 내가 앉은 곳 중
가장 따뜻한 곳이 화장실이 급해 찾아 들어간 대기업 로비 화장실의
비데 위였던 날도 있을 정도로 나름 어린 나이부터 열심히 살았다고
자부했는데, 그 모든 것이 무의미하게 느껴지는 순간이야. 한국은 벌
써 며칠째 폭설이 내리고 최강 한파가 찾아와서 무척이나 춥다는데,
이곳은 아직까진 별로 춥지 않아. 며칠 전까지만 해도 낮에 반팔을 입
고 다녔을 정도야. 이렇게나 우리가 있던 곳은 서로 달랐구나. 나 이제
곧 돌아가. 계획했던 일정보다 빨리 돌아간다고 생각하니 아쉬우면서

도 한편으로는 또 한국에서라도 당신을 볼 수 있지 않을까 기대해. 올
해 크리스마스 선물로 벌써 많은 걸 받은 것 같지만 마지막 선물로 당
신을 볼 수 있게 해달라고 산타 할아버지에게 기도해도 될까?

그 순간, 짜고 친 고스톱처럼 크리스마스 캐롤 깡패, 절대강자, 머라이어 캐리의 〈올 아이 원트 포 크리스마스 이즈 유^{All I want for christmas is you}〉가 뉴욕의 길거리에 울려 퍼진다.

make my wish come true
내 소원이 이뤄지게 해 주세요.
All I want for christmas is you.
내가 크리스마스에 원하는 건 당신이에요.

Everything happens for a reason

내일이면 한국으로 돌아가야 한다.

어느덧 뉴욕에서의 마지막 날이다. 두 달은 눈 깜짝할 새에 지나갔고, 그 끝은 여지없이 찾아왔다.

뉴욕에서의 마지막 날을 특별하게 보낼 생각은 없었다. 그냥 내가 뉴욕에 머무는 동안 좋아하던 곳들을 한 번 더 둘러보는 것으로 마무리하기로 했다.

그리고 그동안 정든 잉글리시 라운지에 찾아가 친구들과 인사를 나

넜다. 내게 무슨 일이 있을 때마다 많은 도움과 친절을 베풀어준 관에게는 마음을 담은 선물도 했다.

여행길에서 만난 소중한 사람들. 안녕! 헤어짐의 안녕이 아닌 "See you again!" 다시 보는 안녕을 전하고 그곳에서 나왔다.

숙소로 들어가기 전, 타임스스퀘어를 찾았다.

뉴욕에 도착하고 처음 온 곳이 바로 타임스스퀘어였다.

뉴욕을 떠나기 전날, 난 처음 왔던 그날처럼 레드체어에 앉아 음악을 들으며 그간의 추억들을 정리했다.

그동안 한국에서는 경험하지 못할 수많은 에피소드가 있었고, 혼자 많은 것을 했다. 두려움을 무릅쓰고 뉴욕에서 혼자 클럽도 가봤다. 좀 노멀한 클럽을 찾아갔으면 좋았으련만. 하필 혼자 찾아간 곳은 갱스터 클럽이었고, 무서워 죽는 줄 알았다. 그 안에 있던 사람들은 전부 마약이라도 한 건지 반쯤 정신이 나간 사람처럼 음악에 몸을 맡기고 있었고, 클럽 안을 가득 메운 사람들이 너나나나 할 것 없이 뛰어대는 통에 이러다 이 사람들한테 밟혀 죽는 건 아닌가 싶을 정도로 그 안은 에너지가 넘쳤다. 게다가 갱스터 클럽 분위기에 맞게 전부 스웩 넘치는 옷차림 사이에서 귀여운 미니드레스 차림의 나는 꿔다놓은 보릿자루 같았고, 혼자 멀뚱멀뚱 사람 구경만 하다 입장한 지 한 시간 만에 집으로 돌아와야 했다.

세계에서 두 번째로 크다는 브롱크스 동물원은 뉴욕 브롱크스 주에 있는데, 볼거리가 많은 뉴욕에서 겨울에 가지 말아야 할 곳이 있다면 바로 이곳이다. 매주 수요일에는 도네이션 입장이 가능한 곳이기 때문에 대체 얼마나 크면 세계에서 두 번째로 클까 싶어 찾아간 브롱크스 동물원엔 동물이 없었다. 겨울에는 동물이 없다는 거다. 채 열 종이나 봤을까? 그날 나처럼 헛걸음을 한 사람들은 전부 뜨내기 관광객이었다. 명심할 것! 겨울에는 세계에서 두 번째로 크다는 브롱크스 동물원에 동물이 없다.

보스턴에 가서 하버드와 MIT공과대학도 구경하고, 그곳에서 돌아오는 차편을 구하지 못해 홈리스처럼 버스 터미널에서 하룻밤을 지새운 적도 있다. 비록 그날 밤은 최악이었지만 햇볕이 따사로운 날 하버드와 MIT공과대학 캠퍼스를 투어하고, 보스턴을 구경한 건 정말로 좋았다. 보스턴은 뉴욕보다 훨씬 깨끗하고 조용한 곳이다. 면학분위기만 따지고 보면 보스턴이 압도적 승이다. 그런데 정말 궁금해서 물어보는 건데, 남의 학교 로고가 박힌 기념품은 대체 왜들 사는 거야? 하버드, MIT, 프린스턴 등 유명하다는 학교에는 전부 기념품 샵이 있다. 그곳에는 학교 로고가 박혀 있는 옷부터 시작해 머그컵, 공책, 타월, 인형 등의 기념품이 넘쳐나는데, 내 룸메도 하버드에 가서는 'HARVARD' 로고가 박힌 티셔츠 쪼가리를 30분 넘게 고르고 앉아 있는 거다. 대체 자기 학교도 아니고 남의 학교 티셔츠를 왜 사는 건지

보드워크를 걸으며 파도소리를 듣고 있으면 모든 잡념들이 사라지고
마음이 평온해졌다. 쭉 그렇게 걷고 싶은 기분이었다. 벤치에 앉아 바다를
바라봐도 좋고, 보드워크 아래로 내려가면 끝없이 펼쳐진 모래사장을 걸을
수도 있다. 겨울에 가도 좋은 곳이었지만 여름에도 꼭 가보고 싶은 곳이다.

나로선 이해가 가지 않았지만, 워낙 유명한 곳들이니 이곳에 왔다는
걸 기념하려고 사나보다 생각했다. 제발 한국에서 입고 다니지만 않
았으면 좋겠다.

　뉴욕에서 약 한 시간 정도만 가면 롱비치Long Beach라는 롱아일랜드에
있는 바다가 있는데, 시끄럽고 정신없는 뉴욕에서 벗어나 조용히 휴

식을 취하고 싶을 때 가면 좋은 곳이다. 나는 날씨가 좋거나 생각이 많은 날에 한 시간 남짓 걸리는 롱비치에 가곤 했는데, 롱아일랜드행 기차를 타면 한 번에 갈 수 있다. 왕복 20달러 정도 한다. 복잡하고 정신없는 뉴욕에서 벗어나 한가롭게 서핑이나 하고 싶은 뉴요커들로 여름에는 엄청 붐빈다는데, 내가 갔을 때는 계절이 겨울인지라 사람이 없었다. 그 덕에 오로지 파도 소리만 들리는 그곳에서 마치 눈에 보이는 바다가 내 소유의 바다인 것처럼 사색을 즐길 수 있었다. 롱아일랜드에는 롱비치보다 더 유명한 존스비치가 있는데, 그곳은 나도 말로만 들었지 직접 가보지는 못 했다. 존스비치는 차가 있어야 이동이 가능하기 때문에 나처럼 차가 없는 여행객에게는 롱비치를 추천한다. 나는 그곳이 너무 좋아 일주일에 세 번을 간 적도 있다.

뉴욕에서 머무는 동안 내가 좋아하던 곳들이 머릿속을 지나간다. 첼시에 있는 하이라인 파크, 브루클린 브릿지, 브라이언트 파크, 한국에 통째로 가져가고 싶은 빅토리아 시크릿 매장, 샐러드 주제에 하루 세 끼를 꼬박 먹어도 좋을 만큼 맛있는 치폴레, 한화로 만 원이면 혼자 배터지게 먹어도 좋을 만큼 신선한 연어를 많이 살 수 있는 숙소 앞 피시마켓, 걷기만 해도 예쁜 거리에 세계 최고 수준의 재즈클럽들이 몰려 있는 그리니치빌리지는 뉴욕에서 내가 살고 싶은 곳이었는데, 이미 고급 주택가로 유명하다. 어마어마하게 비싼 집값을 듣고는 희망을 버렸지만, 여전히 살 수만 있다면 살고 싶은 곳이다. 그리고 그간

스쳤던 수많은 인연과 이제는 생각하면 웃음부터 나오는 그간의 많은 사건들.

'이렇게 자꾸만 아른거려서 어떻게 가나?'

뉴욕은 정말 신기한 곳이다. 뉴욕에 온 첫날만 해도 정이 절대 안 붙을 줄 알았는데 어느새 정이 들어도 너무 들어버렸다. 손님이 왕이라는 말이 있을 정도로 서비스 정신이 투철한 한국과는 달리 직원이 손님을 응대하고 있다가도 매장 안에 자신의 지인이 들어오면 그들과 인사하느라 손님은 어느새 뒷전이 돼버리는 곳. 뭐하는 짓이냐며 화를 내지 않고 어느새 그들과 얘기하고 있는 손님을 볼 수 있는 곳. 선진국이 맞나 싶을 정도로 화장실은 왜들 그렇게 다 남녀 공용인지, 변기 사방에 튀어 있는 소변과 그 지린내를 맡을 때면 절대 이곳에서 못 살겠구나 싶다가도 어느새 나름 또 공짜로 사용 가능한 깨끗한 화장실을 알아놓는 곳. 지하철에서 노래라도 한 곡 들을라치면 계속해서 끊기는 인터넷 탓에 무슨 음악이냐 싶어 꽂고 있던 이어폰을 뺄 때쯤, 그 허전함을 흑인의 연주 소리가 채워주는 곳. 식당에 들어가 한 끼 먹으려면 하나같이 비싼 값을 자랑하면서 물은 수돗물을 주는 곳. 낡은 지하철뿐 아니라 사람들이 즐비한 길거리에서도 그들과 함께 돌아다니는 생쥐를 보는 일에 익숙해져야 하는 곳. 패션에 조금만 신경 쓰고 길을 나서는 날에는 하루에 다섯 번은 넘게 오지라퍼들의 칭찬과 대체 그 옷을 어디서 샀냐느니, 내 스타일이라느니 하는 동양 여자 사랑이 충만한 흑인 남자의 치근덕거림을 감내해야 하는 곳. 화려한 만큼 외롭지만, 또 그 안에서 느껴지는 따뜻함과 행복을 찾을 수 있는 곳. 이곳을 어떻게 사랑하지 않을 수 있을까?

"안녕!"

언제 왔는지도 모르게 내 옆으로 다가와 인사를 건네고 있는 흑인 남자를 보며 귀에 꽂고 있던 이어폰을 뺐다.

"안녕!"

"왜 혼자 있어? 설마 혼자 온 건 아니지?"

"혼자 왔는데?"

"너처럼 괜찮은 여자가?"

"나처럼 괜찮은 여자가 혼자 있어줘야 다수의 남자가 행복하니까."

"하하. 너 재미있는 애구나?"

"글쎄. 재미있는 건 모르겠고, 유쾌한 여자긴 하지."

"뭐하는 중이니?"

"생각 중."

"무슨 생각인지 물어봐도 돼?"

"나는 내일 한국으로 돌아가야 하는 투어리스트야. 두 달간의 여행을 끝마치고 돌아가야 하는 지금 난 뉴욕이 너무 좋아졌어. 많은 걸 느끼고 많은 걸 배웠거든. 그런데도 막상 한국으로 돌아가려니까 두렵고, 이곳에 다시 올 수 있을까, 오는 게 맞는 걸까 싶어. 하고 싶은 것과 해야 하는 것 사이에서 갈등하는 일은 누구에게나 있잖아. 자, 네가 뉴욕에서 내게 깨달음을 줄 마지막 럭키가이야."

"오우, 부담스러운데. 지금까지 넌 어떻게 살았는데? 하고 싶은 것과 해야 하는 것 사이에서 뭘 했지?"

"하고 싶은 걸 하면서 살았지."

이 사진은 숙소로 돌아가는 마지막 길에서 발견한
지하철 광고판에 적혀있는 광고 카피다.
꼭 지금 뉴욕이 내게 하는 말 같았다.
"Begin Again"

"난 지금까지의 삶이 모여 지금의 네가 됐다고 생각해. 그리고 내가

봤을 때 지금의 넌 재미있고, 유쾌하고, 매력적이고, 굉장히 멋지지.

그럼 넌 지금까지 잘 살아 온 게 아닐까? 지금처럼 살아. 그게 너야."

"와우."

"내가 하필 안 좋은 타이밍에 등장한 것 같네."

"아니. 나이스 타이밍이었어! Thank you so much."

또 하나의 깨달음을 준 흑인 친구와 감사의 포옹을 한 것을 마지막으로 난 레드체어에서 일어났다.

그리고 귀에서 잠시 뺐던 이어폰을 다시 꽂았을 때에는, 〈홍대 앞에 눈이 내리면〉이 아닌 다른 음악이 재생되고 있었다.

Everything happens for a reason.

모든 일에는 이유가 있다.

11000킬로미터나 떨어져 있는 우리가 알게 된 것도, 얼굴 한 번 못 본 남자를 사랑하게 된 것도, 그 남자를 보러 14시간을 날아온 곳에서 결국 그를 만나지 못한 것도, 처음 뉴욕에 도착했을 때 JFK공항에서 익숙한 편안함을 느꼈던 것도, 다시 이곳에 오게 될 것 같은 느낌이 들었던 것도, 어쩌면 다 이유가 있을지 모른다.

숙소로 돌아가는 마지막 길, 나는 생각했다.

지금처럼 살아. 그게 너야.

에필로그

그래서 우리는 만났을까요?

결론부터 말하자면, 우린 여전히 못 만났다.

내가 예상 일정보다 빨리 귀국한 것처럼 그 역시 계획보다 빨리 미국으로 돌아갔다.

내가 한국에 도착한 이틀 뒤, 그는 다시 14시간 동안 11000킬로미터를 날아갔다.

그 이틀 동안이라도 만날 수 있지 않았냐고? 이유야 어찌됐든, 우리는 결국 만나지 못했다. 그리고 미국으로 돌아간 그에게서 전화가 왔을 때 난 그 전화를 받지 않았고, 그렇게 우린 연락이 끊겼다.

한 남자가 있었다.

그리고 그에게는 애인이 있었다.

남자는 생각했다.

일하고 있으면 연락 좀 못할 수도 있지.

이 여자는 왜 이렇게 연락 좀 못한 걸로 서운해하고 쪼아대는 걸까.

하루 종일 내 연락만 기다리고 있는 건가.

자기 일을 열심히 하는 커리어우먼을 만나고 싶다.

그리고 그 여자와의 연애는 얼마 후 끝이 났다.

남자는 새로운 여자를 만났다.

관심이 갔다. 호감이 커져갔고 더 알아가고 싶었다.

그런데 새로운 여자는 참 바빴다.

세상일은 혼자 다 하는 것처럼 느껴졌다.

－미안. 바빴어요. 밥은 먹었어요?

남자가 한참을 기다리고 나서야 여자에게서 기다리던 답장이 왔다.

기다리는 시간이 점점 길어지고

기다리는 횟수가 점점 잦아질수록

남자는 예전 여자가 생각났다.

할 일이 없어서 종일 내 연락을 기다린 게 아니었구나.

그냥 날 많이 좋아한 거였구나. 그래서 그런 거였구나.

남자가 그 사실을 깨달았을 때는

을의 연애가 시작되는 순간이었다.

참 아이러니한 게, 세상은 보통 많이 가진 자가 강자인데 연애는 그렇지 않다.

연애는 사랑을 더 많이 가진 자가 약자다.

그런데 그게 진정한 의미에서 약자냐, 그렇게 들어가면 또 섣불리 대답이 나오지 않는다. 참 아이러니하다.

미스터 프린스턴과 나 사이에 갑을 관계를 따지며 누가 강자이니 약자이니를 논하고 싶진 않지만, 내가 그를 더 많이 사랑한 건 맞는 것 같다.

책을 쓰는 내내 내가 이 남자를 참 많이 좋아했구나, 다시 한 번 생각했다. 그리고 그가 혹시라도 이 책을 보고 날 이상하게 생각하면 어쩌나, 우리가 무슨 구구절절하게 사랑하다 헤어진 것도 아니고 제대로 한 것도 없이 끝난 사이에 지금까지 자신이 한 말을 죄다 기억해서 책까지 쓰다니, 무섭다고 스토커라고 생각하면 어쩌나, 이런 생각도 내심 들었다.

하지만 내가 그저 아주 특별하게 만났고, 운명이라고 느껴진 한 남자를 많이 사랑했을 뿐이라고 생각해주면 고맙겠다. 우리가 볼 수 없었기에, 만날 수 없었기에, 나는 무심하게 온 텍스트 하나에도 그의 음성을 들으려고 했고, 수화기 너머로 들려오는 음성의 고저에서도 그의 기분을, 표정을 상상하려 했다. 그렇게 그와 연락하는 내내 온 신경은 오로지 지구 반대편에 있는 남자에게로 향해 있을 뿐이었다.

날 뉴욕까지 가게 한 남자와 인연이었으면 좋았으련만, 아쉽게도 그는 내 인연이 아닌 듯하다. 그리고 난 현재 한국으로 돌아와 올해 하반기 출국을 목표로 뉴욕으로 돌아갈 계획을 하고 있다. 날이 좋은 날에는 한강 공원이 아닌 브라이언트 파크가 생각나고, 하이라인 파크에서 치폴레를 먹고 싶다고 하는 나를 보고 환불의 여신은 약도 없다는 미국병에 걸린 게 틀림없다고 했다. 그런가보다. 한국에 들어와서도 한동안은 길에서 사람과 부딪히려 할 때마다 '익스큐즈 미'를 하고 다녔으니. 누가 들으면 몇십 년 살다 온 사람인 줄 알 거다.

미국병에 좀 걸렸으면 어떠한가.
내 심장이 그곳으로 뛰고 있다는데.
나는 가진 게 꿈밖에 없는 아티스트다.
내가 지킬 거라고는 온전히 나 하나뿐이다.

그래서 난 가야겠다. 내 가슴이 뛰는 곳으로.

그러다 어느 날 우연히 시간이나 때워야겠다 싶어 들어간 첼시의 한 갤러리에서 여전히 내 아티스트적 소양에 대해 다시 한 번 심히 고민하고 있을 때, "정말 감동적이지 않아요?"라고 말을 걸어오는 남자와 자존심이 상한 내가 "아니, 대체 뭐가 감동적인지 들어나 봅시다. 어느 구석이 감동적이요?"라고 작품 이야기를 하다 사랑을 시작할지도 모르고.

바람이 있다면, 제발 그는 그곳에 사는 사람이었으면 좋겠다.

잠깐 여행을 왔다느니, 출장을 왔다느니, 그래서 다시 돌아가야 한다느니, 이런 사람 말고. 더는 남자 때문에 비행기 타는 일은 하고 싶지 않으니까.

아니면, 혹시 또 모르지.

이번 여행에 아껴두고 안 간 엠파이어스테이트 빌딩에 올라갔다가 우연히 미스터 프린스턴을 만나게 될지도.

그때 만약 나도, 그도 혼자라면, 그런 일은 없을 것 같지만, 정말 만에 하나 그런 일이 생긴다면, 이쯤 되면 인연이고 운명이니 결혼이 답인 것 같다며 내가 먼저 프로포즈라도 해야겠다.

뭐가 됐든 다 좋다. 첼시의 갤러리에서 누군가를 만나는 걸 상상해도, 뉴욕 어딘가에서 우연히 만나는 미스터 프린스턴을 상상해도, 내가 뉴욕에 있는 걸 상상하면 가슴이 뛴다.

역시 김러브답게, 난 지금 열렬히 뉴욕과 사랑 중이다.

나는 당신에게 지금 당장 나와 함께 뉴욕으로 떠나자는 말을 하는 것이 아니다.

사랑에 눈이 멀어 일도 그만두고 14시간 11000킬로미터를 날아간 스물여덟 살짜리 여자가 사랑 찾아 떠난 곳에서 사랑 말고 더 찾아온 것이 있고, 더 만난 것이 있고, 더 깨닫게 된 것이 있다고 말하고 있는 거다. 그래서 돌아온 지금, 그 여자는 대한민국 나이로 스물아홉 살이 된 백조지만, 결코 후회하지 않는다고, 살아있기만 하면 어떻게든 살아지더라고. 그러니 당신도 나처럼 가슴이 시키는 곳으로 가라는 말을 하고 있는 거다.

그곳이 어떤 장소여도 좋고, 누군가의 곁이라도 좋다.

당신의 인생에도 오늘 하루 해프닝처럼 찾아오는 사랑을 놓치지 않길 바란다.

그 사랑이 당신을 어디로 데려다 줄지, 어떤 세상을 보여줄지는 아무도 모른다.

사랑하라! 한 번도 누군가를 사랑한 적 없는 것처럼! 이 사랑이 처음인 것처럼!

마지막으로, 나를 새로운 세상으로 데려간 미스터 프린스턴에게 진심으로 감사한 마음을 전한다.

p.s. 꼭 한 번쯤은 이번 생애에 스치듯 만나요, 우리.

– Happy End –

이 책은 **따뜻한** 북펀드에서 후원을 받아
아래 후원자님들과 함께 만들었습니다.

전윤정 님

유승민 님

김재희 님

신유경 님

이다현 님

김아름 님

안유석 님

김석민 님

Namhoon Jeong 님

Somi Lee 님

Youran Hong 님

http://www.bookfundplatform.com

이 책을 선택하신 분에게 추천하는
처음북스의 건강·취미 시리즈

요가 치료

지은이 **타라 스타일즈** | 옮긴이 **이현숙**

우리에게 흔히 나타나는 50가지 질환을 이겨내거나 아픔 없이 살게 해주는 요가 치료법.

P53, 암의 비밀을 풀어낸 유전자

지은이 **수 암스트롱** | 옮긴이 **조미라**

오랜 기간의 연구 끝에 암을 일으키는 원인 유전자(혹은 치료 유전자)라고 밝혀진 p53. 이 유전자를 발견함과 동시에 인간은 암과의 전쟁에서 승기를 잡았다.

인간은 왜 세균과 공존해야 하는가

지은이 **마틴 블레이저** | 옮긴이 **서자영**

단 한 번의 항생제 사용으로도 우리 몸 속에서 우리를 도와주던 미생물계는 큰 타격을 입는다. 우리는 우리 몸 속에 사는 세균과도 공존해야 하는 운명인 것이다.

통증에 대한 거의 모든 것

지은이 **해더 틱** | 옮긴이 **이현숙**

음식, 운동, 습관 변화, 약물, 치료로 통증 관리하기.
전인적 치료법으로 통증은 관리될 수 있다.

두뇌 혁명 30일

지은이 **리차드 카모나** | 옮긴이 **이선경**

미국 최고의 웰빙리조트 '캐년 랜치'에서 사용하는 뇌 개선 프로젝트.
두뇌도 몸의 한 기관이다. 몸의 건강을 지키듯이 두뇌 건강도 개선할 수 있다.

당뇨에 대한 거의 모든 것

지은이 **게리 눌** | 옮긴이 **김재경**

당뇨의 원인과 예방 그리고 대증요법까지 당뇨에 대해 궁금했던 모든 것을 이 책 한 권으로 해결할 수 있다.

축구 자본주의

지은이 **스테판 지만스키** | 옮긴이 **이창섭**

꼴등은 절대 일등을 이길 수 없는 잔인한 축구의 경제.
스포츠가 실력의 세계라는 순수한 생각은 잠시 잊어라.

빅 데이터 베이스볼

지은이 **트래비스 소칙** | 옮긴이 **이창섭**

20년간 승률이 5할도 안 되던 팀이 어떻게 전체 메이저리그 승률 2위 팀이 되었을까? 메이저리그에서 빅데이터의 신화를 쓴 피츠버그 파이어리츠 이야기.

이것이 진짜 메이저리그다

지은이 **제이슨 캔달** | 옮긴이 **이창섭**

하나의 투구는 결투가 되고, 하나의 타격은 스토리가 된다.
메이저리그의 전설적 포수가 말해주는 메이저리그의 속 사정. 알고 보면 더욱 재미있다.

창의적인 아이로 만드는 12가지 해법

지은이 줄리아 카메론 | 옮긴이 이선경

아이의 예술적 감성을 키워주는 12가지 해법을 전한다. 부모가 모든 것을 희생한다고 생각하지 마라. 부모가 스스로를 사랑해야 아이도 여유를 찾고 창의성을 키운다.

우리 아기 발달 테스트 50

지은이 숀 갤러거 | 옮긴이 장정인 | 감수 이지연

아기의 발달 과정을 부모가 재미있는 실험을 하면서 직접 파악할 수 있다.
아이의 손과 눈을 보라. 무슨 말을 하는지 알 수 있다.

강아지와 대화하기

지은이 미수의행동심리학회(ACVB) | 옮긴이 장정인

당신의 개는 지금 무슨 말을 하고 있을까?
당신의 행동이 지금 당신의 개에게 어떤 신호를 주고 있을까?